"十四五"时期国家重点出版物出版专项规划项目·重大出版工程规划
中国工程院重大咨询项目成果文库
秦巴山脉区域绿色循环发展战略研究丛书（第二辑）

秦巴山脉区域绿色循环发展战略研究
（区域协同卷）

徐德龙　周庆华　等　著

科学出版社

北　京

内 容 简 介

本书主要就秦巴山脉的区域协同问题展开研究与论述,主要内容包括秦巴山脉区域协同水平评估、区域协同相关理论及经验借鉴、山脉-城市共同体概念阐述、秦巴山脉区域协同思路与路径引导等方面。关于山脉-城市共同体的理论探究以及对秦巴山脉区域协同路径的探讨是本书的主要创新方面,本书特色在于相对扎实的数据分析、相对充足的经验论证、相对创新的理论探究以及相对系统的协同路径研究。

本书可供区域经济、人文地理、空间规划、政策研究等相关领域学者、从业者参阅。

图书在版编目(CIP)数据

秦巴山脉区域绿色循环发展战略研究. 第二辑. 区域协同卷 / 徐德龙等著. -- 北京 : 科学出版社, 2025. 4. --(中国工程院重大咨询项目成果文库). -- ISBN 978-7-03-081727-3

Ⅰ. F127

中国国家版本馆 CIP 数据核字第 20253MM357 号

责任编辑:徐 倩/责任校对:姜丽策
责任印制:张 伟/封面设计:无极书装

科学出版社 出版
北京东黄城根北街 16 号
邮政编码:100717
http://www.sciencep.com
北京建宏印刷有限公司印刷
科学出版社发行 各地新华书店经销
*
2025 年 4 月第 一 版 开本:720×1000 1/16
2025 年 4 月第一次印刷 印张:8
字数:160 000
定价:188.00 元
(如有印装质量问题, 我社负责调换)

"秦巴山脉区域绿色循环发展战略研究丛书"编委会名单

顾问（按姓氏拼音排序）

何季麟　邱冠周　任南琪　王　浩　王一德　王玉普　徐匡迪
杨志峰　殷瑞钰　周　济　左铁镛

主编

徐德龙　刘　旭

编委会成员（按姓氏拼音排序）

段宝岩　樊代明　傅志寰　侯立安　胡文瑞　金　涌　李　伟
李德仁　李佩成　刘　旭　刘炯天　陆大道　罗平亚　潘云鹤
彭苏萍　钱　锋　钱旭红　邱定蕃　舒德干　宋　健　孙永福
王基铭　王玉忠　吴丰昌　吴良镛　吴志强　谢和平　辛国斌
徐德龙　徐南平　薛群基　尹伟伦　张　炜　张国伟　张军扩
张寿荣　赵宪庚　钟志华

"秦巴山脉区域绿色循环发展战略研究(区域协同卷)"课题组成员名单

徐德龙　周庆华　侯永志　雷会霞　孙志燕　牛俊靖　申　研

魏书威　李志刚　薛　妍　薛　颖　谢永尊　卢君君　王　辉

丛 书 序

秦巴山脉地处我国陆地版图中心，是国家重点生物多样性生态功能区，被誉为中国的中央水库、生态绿肺和生物基因库，是中华民族的重要发祥地和中华文明的摇篮。秦巴山脉及周边城市地区在国家层面具有生态屏障、文化象征、经济平衡、总体安全等多方面的战略价值，是承东启西、连接南北的重要区域。认识秦巴、保护秦巴、振兴秦巴，坚持"绿水青山就是金山银山"，协同做好绿色发展这篇大文章，对于确保国家生态安全，推进高质量创新发展，以中国式现代化实现中华民族伟大复兴，具有重大意义。

2015 年，中国工程院启动了"秦巴山脉区域绿色循环发展战略研究"重大研究与咨询项目，项目成果得到了良好的社会反响，促成了"秦巴论坛"等区域协同平台的设立，出版了"秦巴山脉区域绿色循环发展战略研究"系列丛书。为进一步深化对秦巴山脉区域的生态保护与绿色转型研究，2017 年中国工程院启动了"秦巴山脉区域绿色循环发展战略研究（二期）"重大研究与咨询项目，项目前期由徐德龙院士任组长，后期由我接替组长。项目围绕秦巴山脉生态保护和价值转化、国家公园与自然保护地体系构建、山区快速交通体系、绿色农业发展、绿色林业发展、水资源保护与水经济可持续发展、传统产业转型、新兴产业培育、智慧人居体系建构、区域协同发展等方面提出了战略路径和对策建议。项目提交院士建议 2 份，形成研究报告 12 份，在《光明日报》等报纸和《中国工程科技》等学术期刊发表了项目核心理念文章及各课题相关学术研究成果。2019 年 10 月，项目支撑中国工程院成功举办了"第 302 场中国工程科技论坛——第二届秦巴论坛"。

本丛书是"秦巴山脉区域绿色循环发展战略研究（二期）"重大研究与咨询项目成果的整体凝练，是众多院士和多部门多学科专家教授、企业工程技术人员及政府管理者辛勤劳动和共同努力的结果，在此向他们表示衷心的感谢，特别感谢项目顾问组的指导。

希望本丛书的出版，能够为实现秦巴山脉区域生态保护与高质量发展目标提供借鉴，能够为生态保护相关领域的学者提供参考，能够为新阶段、新征程从事生态环境管理工作的相关人员提供支撑。

　　秦巴山脉区域地处我国陆地版图中心，横贯东西，和合南北，区内秦巴山脉腹地是我国重要的生态安全要地和生态屏障，是我国十分重要的中央水库、生物多样性基因库和碳汇氧源；外围的环秦巴城市地区囊括我国中、西部地区最核心的城市经济板块（包括成渝地区双城经济圈、关中平原城市群、武汉都市圈、中原城市群），是我国融贯南北、转换东西的中央枢纽，在拉结"一带一路"、长江经济带、黄河流域生态保护和高质量发展等重大政策板块中作用重大，是我国国土安全的中枢基石。秦巴山脉腹地和外围环秦巴城市地区之间存在着密不可分的联系，是休戚相关的共同体。

　　综上，秦巴区域具有十分重大的区位战略价值，其保护与发展应综合考虑内部核心腹地和外围城市地区之间的客观联系，需要充分发挥外围城市群的力量，带动腹地山区的绿色振兴，通过周边中心城市及其城市群地区的强发展，促进秦巴山脉生态环境的大保护。

　　然而，受行政区划分割影响，秦巴区域协同进程缓慢。尽管国家有多个区域发展战略涉及秦巴区域，但受自然、历史和现行体制等因素的制约，整个区域并未形成协同发展一体格局。无论是在生态共治、流域共治、物种联保等方面，还是在产业协同、交通联动、设施联建等方面，均受行政壁垒的影响，而呈现出低效联动、信息不畅、分工无序、同质竞争等多个区域协同问题，进而导致秦巴区域整体生态环境保护乏力、绿色振兴动力不足等问题，进一步深化了地区保护与发展之间的矛盾。

　　为应对秦巴区域协同发展中存在的诸多问题，解决秦巴区域多层次协同问题，本书以秦巴区域为研究对象，将秦巴山脉腹地和外围环秦巴城市地区作为统一体进行研究，基于国家既有国土战略格局，在生态文明战略和区域发展趋势背景下，对秦巴区域的协同情况进行评价分析，并借鉴相关学术理论以及国内外既有经验，重新认知秦巴区域的战略定位，提出山脉-城市共同体的协同概念，并从作用机制、空间模式、时序路径等方面构建秦巴区域的协同发展框架，进一步提出具体的协同引导路径，旨在为区际以及山脉腹地和外围城市地区之间的协同发展提供理论参考，以期为秦巴区域的绿色协同共进提供全面的路径支撑。课题主要承担单位是国务院发展研究中心发展战略和区域经济研究部、西安建大城市规划设计研究院[①]等。

---

　　① 2022年8月更名为西安建大城市规划设计研究院有限公司。

目　录

第一章

秦巴山脉区域解读

第一节 秦 巴 山 脉

秦巴山脉地处中国大陆地理版图中心，是秦岭、巴山的合称。秦巴山脉区域虽由不同行政区域辖制，但从地质、地理、文化、社会等不同学科领域出发，秦岭和巴山均具有高度的内在统一性，是一个整体概念，因此，也被称为大秦岭。

一、地质学角度：秦岭造山带

秦巴山脉是横亘中国大陆中部东西走向的巨大山系。从地质学角度看，秦岭、巴山是一个山脉体系，均为"秦岭造山带"（中央造山带）的主体部分。"秦岭造山带"由北秦岭构造带、南秦岭构造带和中间的对接构造带构成，分为西秦岭、东秦岭、大别山三个造山带。

秦岭主脊出露的地层主要是中朝地台基底深变质岩和花岗类岩；巴山主脊主要出露地层为扬子准地台盖层和秦岭褶皱带的变质岩，涉及白云岩、白云质灰岩、泥质灰岩、大理岩等，岩层多为中厚层状结构，岩石致密、坚脆。秦岭和巴山主脊之间，都是秦岭褶皱系变质岩。

秦岭-大巴山地区处于青藏高原向北东、东方向扩展的前缘部位，晚新生代层状地貌以及活动断裂较为发育，国内有关学者认为该地区的构造变形与地貌演化是探讨青藏高原隆升的动力学机制的关键，而区内所发育的地貌和水系则是高原扩展过程的地质记录。秦岭地区层状地貌的发育反映了自青藏运动以来秦岭山脉的阶段性隆升[①]。可见，在地质学角度，往往将秦巴山脉作为统一的整体进行研究。

二、地理学角度：大秦岭主脉与分支

狭义层面的秦岭位于北纬 32°~34°，介于关中平原和南面的汉江谷地之间，是

---

① 史小辉. 秦岭-大巴山构造地貌特征及动力学意义[D]. 西安：西北大学，2018.

嘉陵江、洛河、渭河、汉江四条河流的分水岭，东西绵延 400~500 千米，南北宽达 100~150 千米，主要分布有终南山、华山、太白山、玉皇山、鳌山、骊山等山峰，秦岭山体高大，西窄东宽，西段南北宽度约 150 千米，向东逐渐展宽，东部宽 200 千米以上。山体岭脊海拔 2000~2500 米，不少山峰海拔超过 2500 米，相对高度为 1500~2000 米，山高坡陡，谷深流急，成为南北交通的一大险阻，自古被称为"天下大阻"。

大巴山脉位于中国西部，是中国陕、川、鄂三省交界地区山地的总称，由米仓山、大巴山（狭义）、大神农架、武当山、荆山等组成。山脉呈西北—东南走向，北临汉水，南近长江，东介汉水与大洪山相望，西介嘉陵江与摩天岭相对，东北、东南和西南分别与南阳盆地、江汉平原和成都平原相接。东西长约 560 千米，南北宽约 140 千米。

广义的大秦岭，西起昆仑，中经陇南、陕南，东至鄂豫皖—大别山以及蚌埠附近的张八岭。其范围包括：岷山以北，陇南和陕南蜿蜒于洮河与渭河以南、汉江与嘉陵江支流——白龙江以北的地区，东到豫西的伏牛山、熊耳山，在方城、南阳一带山脉断陷，形成南襄隘道，在豫、鄂交界处为桐柏山，在豫、鄂、皖交界处为大别山，走向变为西北—东南，到皖南霍山、嘉山一带为丘陵，走向为东北—西南，是我国长江和黄河流域的分水岭。其包括秦岭山地、巴山山地、汉江谷地。

秦巴山脉地貌分为北部的秦岭山脉、南部的巴山山脉两座山脉。从地理学角度看，"秦岭"（狭义层面的秦岭）和"巴山"分别是广义层面秦岭的主脉和分支。1989 年陕西师范大学地理系编制的《中国秦岭大巴山地区地貌图》中首次对秦巴山的地理范围进行了描述，西起甘肃大夏河、四川若尔盖东，东到郑州新郑市、南襄盆地西缘、荆门市一线，北界为秦岭、豫西山地北麓，南抵茶坪山、龙门山、神农架、荆山南麓，地跨陕、甘、川、渝、鄂、豫五省一市[①]。

三、社会学角度：集中连片贫困山区

秦巴山区目前已全面脱贫，但由于其生态特殊性和自然地理特征，其曾经是我国全面脱贫前跨省级行政区最多、人口最多的集中连片特困地区。

一方面，秦巴山脉的生态敏感性导致地区贫困问题突出。秦巴山脉承担着南水北调中线工程水源保护、水土保持、生物多样性保护以及水源涵养等重大任务，生态环境保护的要求高、地域广以及难度大，资源开发利用与生态环境保护的矛盾尖锐。区内城市与乡村、平坝与山区之间的发展差距较大，尤其是深山以及高

---

① 张珊，查小春，刘恺云. 基于地貌区划的秦巴山区地性线密度系数空间分布特征[J]. 陕西师范大学学报（自然科学版），2020，48（1）：32-39.

山地区发展困难。经济发达城市对周边城镇的辐射带动明显不足，城乡二元结构明显，农业以及旅游等特色资源的开发利用不足，整体上基础设施落后，良好的资源优势并未转化为发展优势。生态高地、资源富地、文明发祥地与发展滞后、经济洼地的强烈反差，使得秦巴区域发展不平衡、不充分的问题突出。

另一方面，秦巴山脉地理环境复杂，致灾风险较大。秦巴山区内部环境差异巨大，地形复杂，地震、泥石流、洪涝、干旱、山体滑坡等自然灾害多发易发，是中国六大泥石流高发区之一，致灾因素复杂。秦巴山区居民大多居住于山、川或者盆地较为平坦的地段，与河流泄洪区形成天然重叠，季节性降雨较为明显，洪灾、泥石流等灾害频发，人民生命财产损失较大。同时，受山区带状线性交通的影响，一旦受灾，生命线往往受到破坏，营救效率缓慢。

综上，秦巴山脉区域无论在自然地理还是在社会经济发展等方面都具有特殊的关联性，需进行整体研究、开展协同保护并促进其发展。

第二节　相关研究与规划

近年来，国家层面相关规划及针对秦巴山脉区域制定的多个重要规划，对于秦巴区域生态保护与经济发展均具有十分重要的意义。但由于规划侧重不同，各项规划的规划范围也有一定差别。

《全国主体功能区规划》中提出秦巴山区为限制开发的重点生态功能区，该区域生态系统十分重要，关系全国或较大范围区域的生态安全，目前生态系统有所退化，需要在国土空间开发中限制进行大规模、高强度的工业化、城镇化开发，以保持并提高生态产品供给能力。《全国主体功能区规划》中秦巴山区的划分主要从生物多样性角度出发，包括秦岭、大巴山、神农架等亚热带北部和亚热带—暖温带过渡的地带，该区域生物多样性丰富，是许多珍稀动植物的分布区，涉及湖北省、四川省、陕西省、甘肃省及重庆市 5 个省市。

《秦巴山片区区域发展与扶贫攻坚规划（2011—2020 年）》中，秦巴山区范围包括河南、湖北、重庆、四川、陕西、甘肃六省市的 80 个县（市、区），集革命老区、大型水库库区和自然灾害易发多发区于一体，内部差异大、贫困因素复杂，是国家新一轮扶贫开发攻坚战场中涉及省份最多的片区。相较于《全国主体功能区规划》中的范围增加了河南省，总面积为 22.5 万平方公里。

此后，国内学者对秦巴地区的界定范围多与《秦巴山片区区域发展与扶贫攻坚规划（2011—2020 年）》一致，曹诗颂等在《秦巴特困连片区生态资产与经济贫困的耦合关系》[①]以及李金珂等在《秦巴山区近 15 年植被 NPP 时空演变特征及

---

① 曹诗颂，赵文吉，段福洲. 秦巴特困连片区生态资产与经济贫困的耦合关系[J]. 地理研究，2015，34（7）：1295-1309.

自然与人为因子解析》①研究中，均明确提出秦巴山区地处河南、湖北、重庆、陕西、四川和甘肃五省一市交会地带，面积为 22.5 万平方公里。

综合文献分析来看，目前关于秦巴山区的研究多以秦巴山区内的某个片区或某个城市为重点研究对象，而秦巴山区整体性宏观角度的研究较少，多集中在生态学、经济地理学、社会学、地质学等方面。张沛等研究了秦巴山区的 140 个国家级传统村落，分析传统村落时空分布特征及影响因素，认为由于秦巴山区复杂的人地关系矛盾，形成了以复杂自然地形主导、人口分布与经济发展互馈的耦合机制，影响了传统村落的时空分布②。曹诗颂等从经济地理学角度研究了秦巴特困连片区，认为秦巴片区生态资产水平与经济贫困程度存在较为明显的共生关系，通过改善当地生态环境，加强生态资产管理可以达到减少贫困的目的①。余玉洋等从大、中、小不同的空间尺度上研究秦巴山区生态系统服务权衡协同关系，为区域间的山水林田湖草生态保护提供基础性参考③。史小辉从构造地质学角度研究秦岭–大巴山构造地貌特征及动力学意义④。

综上可知，目前学术领域尚缺少秦岭–大巴山地区以及外围城市群一体化的相关研究，基于区域协同角度统筹考虑秦巴山脉及外围城市地区的相关研究，仅出现在"秦巴山脉区域绿色循环发展战略研究"课题的一期研究成果中。

第三节　研　究　范　围

本书将研究视域扩大至秦巴山脉腹地周边城市地区，因此研究范围对标本书项目综合组研究范围中的"秦巴区域"概念，是秦巴山脉核心腹地与外围环秦巴城市地区的统称，外围城市地区包括重庆、成都、西安、武汉、郑州、兰州、德阳、绵阳、广元、广安、遂宁、南充、达州、巴中、宝鸡、渭南、汉中、安康、商洛、十堰、宜昌、襄阳、荆门、孝感、荆州、随州、洛阳、平顶山、三门峡、南阳、信阳、驻马店、天水、陇南等 34 个城市（不含县级市）。

① 李金珂，杨玉婷，张会茹，等. 秦巴山区近 15 年植被 NPP 时空演变特征及自然与人为因子解析[J]. 生态学报，2019，39（22）：8504-8515.

② 张沛，李稷，张中华. 秦巴山区传统村落时空分布特征及影响因素[J]. 西部人居环境学刊，2020，35（3）：116-124.

③ 余玉洋，李晶，周自翔，等. 基于多尺度秦巴山区生态系统服务权衡协同关系的表达[J]. 生态学报，2020，40（16）：5465-5477.

④ 史小辉. 秦岭–大巴山构造地貌特征及动力学意义[D]. 西安：西北大学，2018.

第二章

协同背景与协同水平评估

第一节　协同背景

秦巴区域协同背景包括多个方面,本书重点关注与区域协同关联紧密的区位、交通、体量、战略价值、背景机遇等。

一、区域特征

（一）区位特征

秦巴山脉位于我国陆地版图的中央区域,是我国南北气候的自然分界区、黄河长江两大流域的分水岭、东部平原区和西部高原区的过渡带。秦岭山脉主峰太白山海拔 3771.2 米,是青藏高原/祁连山脉以东中国陆地的最高峰(高度仅次于台湾岛内的玉山——海拔 3952 米),具有区域高地的地位。中国大地原点和北京时间的授时中心（即国家授时中心）均位于秦巴山脉地区（西安地区）。

在世界地理格局中,秦巴山脉与欧洲阿尔卑斯山脉、北美洲落基山脉被地质学家和生物学家并称为"世界三大名山""地球三姐妹"。这三大山脉同处于世界地理版图北纬 32°~48° 的纬度带上,在亚洲、欧洲、北美洲的地理格局中均具有突出的区位价值。特殊的地理环境条件孕育了秦巴山脉地区丰厚而独特的自然与历史人文资源,使其成为世界重要的物种基因库和以中华文明为表征的东方文明溯源地,也是国家级自然保护区、国家级风景名胜区,以及国家级森林、地质、水利、湿地公园等分布最为集中的区域之一。

在生物地理区划中,秦巴山脉位于世界植物地理区划的泛北极植物区,世界动物地理区划东洋界和古北界的交会地带。秦巴山脉是中国重要的生物地理分界线,复杂的地形与多样的气候和土壤条件为生物生存提供了良好的条件,生物多样性资源丰富。在植物地理区划上,秦巴山脉是东亚两大典型植被带（中国—日本森林植物亚区、中国—喜马拉雅森林植物亚区）的衔接区域。在动物地理区划上，秦巴山脉是我国动物地理华北区和华中区的分界线[①]。秦巴山脉在世界和中国生物地理区划上有明显的过渡带特点，在生态系统、物种层次上的生物多样性特征显著。

（二）交通特征

秦巴山脉涉及"渝新欧"国际铁路联运大通道、西成高铁、包茂高速、沪陕高速等多条交通干线，是东西南北交通联系的汇聚区。综合公路、铁路、航空、水运四大交通要素，秦巴山脉交通基础设施呈现出"六纵三横"的基本格局。其中，"六纵"包括：洛阳—南召—南阳通道；三门峡—十堰—恩施通道；西安—安康—重庆通道；西安—汉中—成渝通道；宝鸡—留坝—汉中—巴中通道；兰州—广元—成渝通道。"三横"包括：西安—商洛—南阳通道；襄阳—十堰—汉中—天水通道；万州—巴中—广元通道。

公路方面，秦巴山脉已形成了以高速公路、普通国道为主骨架，省道、县乡道为脉络，外连毗邻省份，内通腹地县乡的公路网体系。截至 2015 年，所有乡镇通公路，97%以上建制村通公路。公路覆盖率整体较好，县城层面基本均可高速通达，山区内部乡镇公路等级较低，公路边坡滑坡、崩塌等灾害风险较大。

铁路方面，区域内铁路复线率、电化率均高于全国平均水平，截至 2015 年，区域铁路覆盖率为 55%，分布有宝成铁路、西康铁路、西合铁路、兰渝铁路、襄渝铁路，涉及建成、在建和拟建高铁有西成高铁、武西高铁、西渝高铁等。铁路多穿山越岭，隧道工程较多，其中秦岭终南山公路隧道为亚洲最长公路隧道，且铁路选线多沿河流川道分布，对腹地内城镇的分割限制较明显。

航空方面，支线机场建设仍相对滞后。截至 2017 年底，秦巴山脉区域内共有民用机场 15 个，其中已建成 13 个，在建 2 个，高等级机场多分布于四大城市地区的核心城市，其余小城市部分建有支线机场，但整体而言，区域内大量的中小型城镇的支线机场建设力度仍不足，尤其在应灾救援方面，多数县一级层面城市无应急机场。

水运方面，集中以嘉陵江为主要水运通道，其余河流水系的水运属性不甚突出。嘉陵江是长江水系"一横一网十线"的重要组成线，是国家战备航道，是伸入我国内陆最深，联系西南西北的一条内河航道。嘉陵江上第一港口广元港是通过长江延伸至我国西部内陆最深的水运口岸，是连接西南、西北两大经济区的枢纽港。

（三）体量特征

2020 年秦巴区域共涉及人口 21 045 万人，地区生产总值达到 141 374 亿元，面积为 57.3 万平方千米。与京津冀地区、长江三角洲城市群和珠江三角洲城市群

---

① 解焱，李典谟，MacKinnon J. 中国生物地理区划研究[J]. 生态学报，2002，（10）：1599-1615.

等国内影响力较大的城市群相比，秦巴区域由于包括秦巴山脉山体部分，其面积约占全国国土总面积的 6%，与东部三大城市群相比，其所占面积最大。人口规模方面，秦巴区域总人口占全国人口比重为 14.91%，仅次于长江三角洲城市群，腹地人口支撑规模相对较大。地区生产总值方面，秦巴区域经济体量仅次于长江三角洲城市群，位列第二，经济总量占全国的比重达到 13.91%。综上所述，可以看出秦巴区域的国土空间尺度以及人口、经济规模均较大，是我国国土空间发展的重要部分（表 2-1）。

表 2-1　四大城市集聚地区发展规模数据

区域	总面积		总人口		地区生产总值		城市数量/个
	面积/万千米²	全国占比	人口/万人	全国占比	生产总值/亿元	全国占比	
京津冀地区	21.7	2.26%	11 400	8.07%	83 940	8.26%	13
长江三角洲城市群	35.3	3.68%	17 500	12.40%	244 712	24.09%	41
珠江三角洲城市群	5.5	0.57%	7 820	5.54%	89 524	8.81%	9
秦巴区域	57.3	5.97%	21 045	14.91%	141 374	13.91%	34

资料来源：表中面积数据来源于《2019—2020 中国省市经济发展年鉴》；人口数据来源于各地级市第七次人口普查数据；地区生产总值数据来源于各地级市 2020 年国民经济与社会发展统计公报

二、战略价值

（一）国土东西平衡的重要区域

胡焕庸线是我国地理学上十分重要的一条分界线，其从黑龙江省瑷珲县（现黑河市）到云南腾冲县（现腾冲市），大致为倾斜 45 度直线，该线东南方 36% 的国土居住着 96% 的人口[①]，以平原、水网、丘陵、喀斯特和丹霞地貌为主要地理结构，自古以农耕为经济基础；该线西北方人口密度极低，是草原、沙漠和雪域高原的世界，自古是游牧民族的天下，因而划分出两个迥然不同的自然和人文地域。胡焕庸线在某种程度上也成为城镇化水平的分割线。这条线的东南各省区市，绝大多数城镇化水平高于全国平均水平；而这条线的西北各省区市，绝大多数城镇化水平低于全国平均水平。

在国土空间方面，胡焕庸线表明了数十年来基本稳定的我国人口分布格局，也表明了相关城镇发展要素（生态、经济、社会、文化等）的聚集状态。胡焕庸线以东是我国地理版图的中东部地区，集聚了全国 96% 的人口。中国陆地版图西部边陲的高原与荒漠地区，除以乌鲁木齐为核心的天山北麓地区能够形成区域层

---

① 胡焕庸. 中国人口之分布：附统计表与密度图[J]. 地理学报，1935，（2）：33-74.

级的城市集群外，总体而言只能形成散点状的城镇分布。因此，如果说我国人口稠密地区的东部分布有长江三角洲城市群、珠江三角洲城市群、京津冀地区三大城市群，那么，我国人口稠密地区的西部（即胡焕庸线附近）应该出现既能承担西向开放职能又具有平衡东西国土空间意义的城市集群。因此，秦巴区域特别是"成渝西"地区成为构建我国基本的国土空间平衡发展格局的关键地区。

（二）"两横三纵"格局的"井"字中心

在"一带一路"背景下，新的地缘政治、社会经济、科技文化等要素的关联性使得我国国土空间格局必然发生新的变化，国土"两横三纵"、"井"字形格局被进一步强化。所谓"两横三纵"，即以陆桥通道、沿长江通道为两条横轴，以沿海、京哈京广、包昆通道为三条纵轴，以主要的城市群地区为支撑，以轴线上其他城市化地区和城市为重要组成的"两横三纵"城市化战略格局。

在"两横三纵"发展模式的带动下，交通沿线的城市圈建设逐步完善，东部地区的传统产业可以往西部转移，在产业转移和发展过程中，城市圈将慢慢形成，而城市圈的发展将发挥带动和辐射作用，以大城市的发展带动中小城市的发展。因此，新的发展态势要求西部地区出现能够承担西向开放核心职能的城市集群，从而呈现我国东西并重、多向开放、海陆统筹、南北贯通的发展格局。秦巴区域恰恰位于"井"字形格局的中心环状地带，起着东西传递、南北统筹的重要作用，是中西部崛起发展和维护国家安全稳定的关键地区。

（三）"一带一路"多向开放的枢纽地带

"一带一路"即"丝绸之路经济带"和"21世纪海上丝绸之路"，"一带一路"倡议依靠中国与有关国家既有的双多边机制，借助既有的、行之有效的区域合作平台，共同打造政治互信、经济融合、文化包容的利益共同体、命运共同体和责任共同体。"一带一路"贯穿亚欧非大陆，拉结东亚经济圈和欧洲经济圈，中间广大腹地国家经济发展潜力巨大。丝绸之路经济带重点方向是打通中国经中亚、俄罗斯至欧洲通道；中国经中亚、西亚至波斯湾、地中海通道；中国至东南亚、南亚、印度洋通道。21世纪海上丝绸之路重点方向是从中国沿海港口过南海到印度洋，延伸至欧洲；从中国沿海港口过南海到南太平洋。

从空间区位关系看，秦巴区域北接丝绸之路经济带的枢纽区（西安、兰州），向西联系丝绸之路经济带向西亚、欧洲开放的门户区域——新疆；南连长江经济带中部支撑区（重庆、武汉），向南通过贵阳联系昆明、南宁两大21世纪海上丝绸之路桥头堡。因此，秦巴区域具备连接丝绸之路经济带、长江经济带、21世纪海上丝绸之路的区位条件，是"一带一路"的转换枢纽平台。

可见，秦巴区域不仅区位条件特殊，发展基础雄厚，是我国中西部人口稠密地区的潜力增长区，同时更是未来带动中西部地区发展、支撑我国东西双向开放的关键地区。

（四）科技资源密集区和国防安全要地

环秦巴城市地区曾是我国"三线建设"时期的战略大后方，一大批航空、航天、电子工业、机械工业企业和科研院所内迁布局在该区域，形成重要的科研制造能力和资源。所涉及的 34 个城市中，不仅在西安、成都、郑州、武汉等相对发达的中心城市聚集了大量科技资源，而且在汉中、宝鸡、商洛、德阳、绵阳、十堰等城市，也拥有一批具有相当实力的专业技术研究机构和相关企业。目前该地区仍是我国重要物资生产和科学研究的重要区域，2015 年，西安、武汉、四川被确定为全面创新改革试验区。无论是在人才、产业、科研设施等基础条件方面，还是在政策优势方面，该区域板块在区域融合协同创新领域均具有无可替代的优势，能够成为特色创新、绿色发展的关键示范地区。

（五）绿色城镇化特色区域

城镇化是实现工业化、现代化发展的必然路径。秦巴地区虽然在城镇化方面总体落后于国家整体城镇化进程，无论在城镇化水平还是在城镇化质量上都存在着较大差距，但是极具绿色城镇化的突出潜力。秦巴区域特殊的区位条件和重要的生态功能，使其城镇化必须汲取传统城镇化道路的经验教训，绝不能再走以往传统城镇化的模式，必须探索出一条绿色可持续的城镇化模式。此外，新的技术条件和国家整体实力的增强，以及对欠发达地区政策扶持力度的不断加大，也为该地区绿色城镇化的探索创造了更有利的外部条件和环境。

因此，秦巴地区应充分发挥自身的后发优势，在城市规划与管理、绿色产业的发展、智慧城市、城市的可持续发展和公共服务等诸多领域开展创新，成为引领国家绿色城镇化的先进示范区。

三、背景机遇

（一）生态文明建设机遇

生态文明战略的深入推进将为秦巴山脉腹地的绿色发展提供政策红利。随着我国社会经济发展进入新的发展阶段，生态文明建设逐步上升为国家战略。2015 年 9 月中共中央、国务院印发《生态文明体制改革总体方案》，以加快建立系统完整的生态文明制度体系，加快推进生态文明建设。该方案提出要以建设美丽中国为目标，以正确处理人与自然关系为核心，树立尊重自然、顺应自然、保护自然的理念，树立绿水青山就是金山银山的理念，树立山水林田湖是一个生命共同体的理念。该方案明确要健全自然资源资产产权制度，建立国土空间开发保护制度，建立空间规划体系，同时在生态补偿、节约集约、生态保护市场体系等方面进行了探索改革。该方案的制定意义重大，为广大生态敏感地区新的绿色发展机制和政策倾斜扶持提供了历史机遇。

（二）"一带一路"建设机遇

"一带一路"倡议的持续推进为沿线城市的发展注入新动力。"一带一路"建设对我国未来的国土格局产生着根本影响，为我国国土东西平衡、双向开放奠定了战略基石。"一带一路"沿线城市在"一带一路"倡议深入实施的大背景下，面临着区域协同机遇、机制创新机遇、产业转移机遇、政策扶持机遇等多方面红利。环秦巴城市地区地处我国地理中心，涉及成都、重庆、武汉、西安、郑州、兰州等多个中西部核心城市，是我国"一带一路"建设的腹地，是衔接新疆、南宁等"一带一路"门户城市的重要核心枢纽地带，在"一带一路"倡议持续推进的背景下，环秦巴城市地区将迎来巨大的发展机遇。

（三）西部大开发机遇

新一轮西部大开发战略的持续实施为秦巴区域的发展提供了政策机遇。2020年5月中共中央、国务院发布《关于新时代推进西部大开发形成新格局的指导意见》，该意见明确提出要"积极参与和融入'一带一路'建设""支持重庆、四川、陕西发挥综合优势，打造内陆开放高地和开发开放枢纽。支持甘肃、陕西充分发掘历史文化优势，发挥丝绸之路经济带重要通道、节点作用""鼓励重庆、成都、西安等加快建设国际门户枢纽城市""加强西北地区与西南地区合作互动，促进成渝、关中平原城市群协同发展，打造引领西部地区开放开发的核心引擎"。该意见为西部地区的区域协同和开放格局提出了纲领框架，其中关中平原城市群和成渝城市群是环秦巴城市地区的重要组成部分，在该意见的指导下，未来秦巴区域协同发展将迎来新的篇章。

第二节　协同水平评估与问题剖析

根据课题前期研究，本书将研究范围界定为环秦巴山脉的 34 个地级及地级以上城市，涉及西部地区的陕西、四川、甘肃、重庆以及中部地区的湖北、河南，土地面积为 57.3 万平方公里，常住人口为 19 727 万人（2017 年）。该区域是联结我国南北、东中西的重要区域板块，但由于多种原因，不仅总体发展水平显著落后于其他区域板块，区域内发展不平衡、不充分，城镇体系结构失衡，生态环境恶化等方面的问题也较为突出。

一、政策体系层面

（一）区域协同政策整体较少

秦巴山脉地区涉及河南、湖北、重庆、陕西、四川和甘肃等五省一市，各省市在政策体系层面的协同发展仍处于初级水平。秦巴山脉区域政策层面的协同发展较少，为数不多的政策层面的协作集中体现在以关中平原城市群、中原城市群、成渝地区双城经济圈以及武汉都市圈为主的城市群内部协作上。

2018年1月9日国务院正式批复了《关中平原城市群发展规划》，关中平原城市群以围绕建设具有国际影响力的国家级城市群、内陆改革开放新高地为目标，推进核心城市西安建设国家中心城市，进一步提升宝鸡、铜川、渭南、杨凌、商洛、运城、临汾、天水、平凉、庆阳等重要节点的综合承载能力，适度扩大城市人口规模，提升综合服务功能。

2016年12月28日，国务院批复《中原城市群发展规划》，将中原城市群建设为中国经济发展新增长极、全国重要的先进制造业和现代服务业基地、中西部地区创新创业先行区、内陆地区双向开放新高地和绿色生态发展示范区。

2016年，国家发展和改革委员会、住房和城乡建设部联合印发的《成渝城市群发展规划》明确指出，到2020年，成渝城市群要基本建成经济充满活力、生活品质优良、生态环境优美的国家级城市群；到2030年，成渝城市群实现由国家级城市群向世界级城市群的历史性跨越。2020年1月，中央财经委员会第六次会议提出推动成渝地区双城经济圈建设。会议指出，推动成渝地区双城经济圈建设，有利于在西部形成高质量发展的重要增长极，打造内陆开放战略高地，对于推动高质量发展具有重要意义。

武汉都市圈是以中国中部最大城市武汉为圆心，覆盖黄石、鄂州、黄冈、孝感、咸宁、仙桃、潜江、天门等周边八个大中型城市，规划加快把武汉城市圈打造成长江中游城市群最重要的增长极，推动武汉、鄂州、黄石、黄冈等相邻城市联动发展。

受客观行政辖区分割壁垒影响，秦巴区域政策体系层面的协同难度较大。除城市群内部的区域政策协同外，秦巴区域各城市群之间的政策协同尚属空白。2013年，川陕两省在汉中市召开秦蜀古道（蜀道）"申遗"联席工作会议，计划联合开展申遗工作，但由于后期缺乏省级层面的工作统筹，两省在申遗工作中进度不尽统一。2018年四川省进行了蜀道关于世界自然和文化双遗产的申遗工作，而陕西省秦蜀古道的长度占其4000公里总长度的三分之二，却未能顺利申遗。秦巴区域流域众多，如渭河、汉江、嘉陵江等流域均流经多个省市。流域作为一个整体，却被各种行政关系切割，造成了显著的由行政区划分割而衍生的公共资源外部性问题。分割状态的行政区划使水系上下游各行政区块在环境、经济上处于不对等地位，部分流域形成污染企业向流域上端集聚，并对下游表现出威胁加重的态势，行政分割导致分散排污，严重威胁到水系的安全。在课题组调研过程中，陕西、湖北作为汉江的上下游地区、我国南水北调工程的核心水源区——丹江口水库的重要上下游区域，其在水资源保护治理中协同问题较为突出，在流域水资源保护要求政策等方面问题较为明显。

（二）行政管理分割

行政管理区块分割是区域协同发展的客观阻碍。条块化的行政管理区块分割，是多年来阻碍秦巴区域统一发展、协同保护的重要因素。在缺乏中央层面的政策统筹的情况下，各省市在秦巴山脉层面各自为政，协同发展较为困难。

一方面，秦巴区域相对完整的地理单元与分割的行政管理造成诸多隔阂。围绕秦巴区域生态保护与经济发展，整个区域应有协调一致的发展策略和内部联动，但受当前五省一市条块分割的行政管理约束，区域内部交通阻隔相对突出，相互联系较为缺乏。断头路、管理割裂、设施无法共享等问题在五省一市之间尤其是省际、市际、县际等行政区划交接地带较为突出。这一问题的产生是我国固有的行政区块化管理的传统管理模式影响所致。

另一方面，秦巴区域周边有数量众多的重要城市，叠加了多个国家及区域发展战略，各战略间需要寻求协调和联动路径。秦巴区域作为多个国土空间战略的交汇区，既面临着丰富的政策红利和战略侧重，同时面临不同战略导向之间的叠加影响，甚至是矛盾冲突。而秦巴区域作为自然区域概念，其涉及五省一市，在面对多个战略叠加优化和调整中，需要各地市政府的协同互通和共同推进。目前秦巴区域协同发展尚未上升至国家层面，中央及各省协同层面对秦巴区域的提法、支持与政策配套不足，从侧面也导致整个秦巴区域在战略叠加中缺乏行政统筹和协同优化能力的客观问题。

二、产业经济联系层面

（一）秦巴区域协同经济层面联系水平评估

1. 产业结构分析

采用"联合国工业结构相似系数"对秦巴区域各省市（仅包含秦巴山脉范围内地级市）间的产业结构相似性进行分析，此系数可从总体上反映区域内地区间产业结构的相似或差异程度，可在一定程度上说明秦巴区域协同经济层面的联系。计算公式为

$$S_{ij} = \frac{\sum(X_{ik} \cdot X_{jk})}{\sqrt{\sum(X_{ik}^2) \cdot \sum(X_{jk}^2)}}$$

式中，S_{ij}表示相似系数，i和j分别表示两个比较的城市或地区；X_{ik}和X_{jk}分别表示部门k在地区i和j的产业结构中所占比重。$0 < S_{ij} < 1$，S_{ij}值越大则表明i地和j地之间的产业结构相似程度越高，进而表明两地间的分工程度越低。根据公式计算，可得到秦巴区域各省市产业结构相似系数。

由计算结果可知，秦巴区域内各省市的产业结构相似系数普遍较高，区域整

体存在比较严重的产业结构同构现象。其中陕西省、河南省、湖北省、四川省、重庆市之间的产业结构极为相似。产业结构趋同，使得区域内无法形成合理的产业链条，产品价值链单薄，从而抑制区域的经济合作热情，降低合作所取得的成效，其区域协同水平也较低。甘肃省与其他省市之间的产业结构相似系数相对较低，说明甘肃省与其他省市在产业结构层面存在部分差异，区域协调程度相对其他省市较高。陕西省、河南省、湖北省、四川省产业结构极为相似，均为"二三一"结构：第二产业占比较高，第三产业占比与第二产业较为接近，第一产业占比较低（图2-1）。

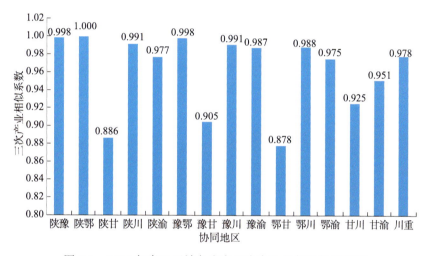

图 2-1　2018 年秦巴区域各省市三次产业相似系数示意图

秦巴区域各省市间产业结构同质，使得区域内产业协作分工开展困难。首先，秦巴区域各省市之间的合作大多以产业的垂直分工、地区间的物资协调为主，产业间深层次的合作甚少；秦巴区域各省市之间协同发展意识不强，均以自我发展为中心。其次，秦巴山脉腹地各市、秦巴山脉外围各中心城市之间主导产业趋同，竞争多于合作。同时，在与秦巴外围中心城市的协作中，秦巴腹地城市还面临着多个城市争夺合作机会的竞争风险，从而造成外围中心城市产业结构相似度较高的结果。环秦巴城市地区产业结构相似性较高，集中表现在部分省市产业方向趋同。例如，四川和陕西均是我国的军工大省，二者在军工装备制造、科研创新等领域存在较为明显的竞争关系；再如，甘肃兰州、湖北十堰、四川成都、陕西西安等地在汽车装备制造产业方面均有较多政策倾斜，建设有产业基地，但各区域在汽车装备制造产业链的具体分工方面的协作多为整车装配，在零配件、发动机、基础材料等区域分工上尚未形成合理有序的区域经济协作模式。

2. 周边城市联系强度分析

基于六大城市（成都、重庆、西安、武汉、郑州和兰州）历年来企业联系数据，在 2014 年底之前、2017 年底之前和 2019 年年中之前三个时间阶段对六大城市各自的网络腹地变化情况进行历时性测度，以此分析六大城市中某一城市与其他城市在全国层面的联系强度变化情况（本书仅针对六大城市与直辖市、省会城市、计划单列市等比较重要的城市之间的联系变化情况进行分析）。

（1）成都。成都与北京、上海、深圳、重庆的联系度较强，处于第一梯队；与广州、西安、昆明、宜宾、天津的联系度次之，处于第二梯队；与兰州、郑州等其他城市联系相对薄弱（图 2-2）。

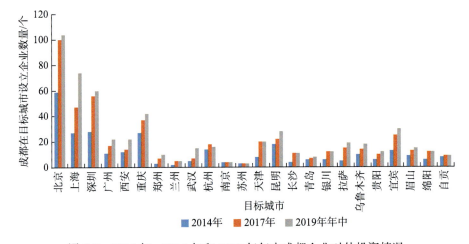

图 2-2　2014 年、2017 年和 2019 年年中成都企业对外投资情况

（2）西安。西安与北京、上海、深圳、成都和重庆的联系度较为突出，与其余城市以及省内城市的联系度次之（图 2-3）。

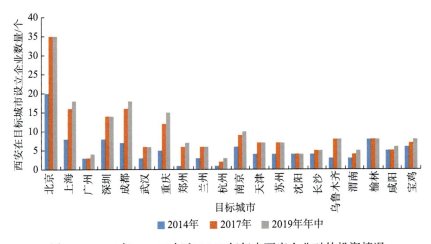

图 2-3　2014 年、2017 年和 2019 年年中西安企业对外投资情况

（3）武汉。武汉与北京、上海、深圳、南京、宜昌和鄂州的联系度较高，处

于第一梯队；与成都、广州、香港、合肥、荆州、襄阳、黄冈、荆门的联系度次之，处于第二梯队；与西安、重庆、郑州、兰州等联系度较小（图2-4）。

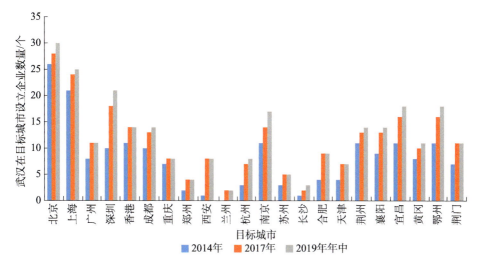

图2-4　2014年、2017年和2019年年中武汉企业对外投资情况

（4）郑州。郑州与北京、上海、深圳的联系度较高，处于第一梯队；与广州、香港、成都和洛阳的联系度次之，处于第二梯队；与西安、重庆、兰州等其他城市联系度较小（图2-5）。

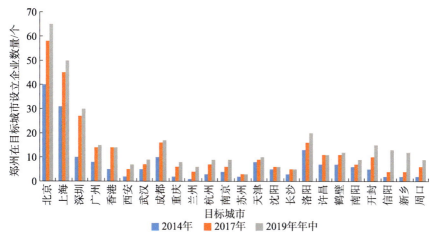

图2-5　2014年、2017年和2019年年中郑州企业对外投资情况

（5）重庆。重庆与北京、上海、深圳和成都的联系度较高，处于第一梯队；与广州、南京、天津、贵阳的联系度次之，处于第二梯队；与西安、郑州、武汉等联系度较小（图2-6）。

（6）兰州。兰州与上海的联系度最为突出，其次与北京、南京、西宁、张掖、酒泉、天水、武威、金昌、定西等城市联系较为紧密，与深圳、西安、宁波、银川的联系度次之，与重庆、武汉、成都、郑州等联系度较小（图2-7）。

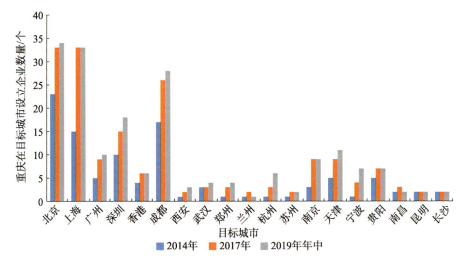

图 2-6　2014 年、2017 年和 2019 年年中重庆企业对外投资情况

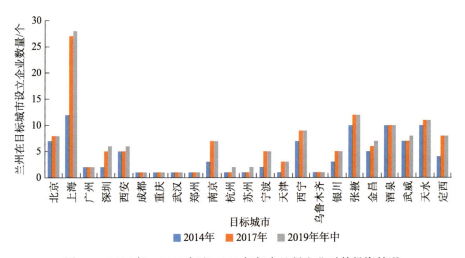

图 2-7　2014 年、2017 年和 2019 年年中兰州企业对外投资情况

　　通过上述分析可知，六大城市与北京、上海、深圳的联系度较高，重庆和成都的联系较强，武汉与成都、郑州与成都，以及西安与成都、重庆的联系较为密切。六大城市中，兰州除与西安联系相对较为密切外，与成都、重庆、武汉、郑州的联系均较弱。可以看出，目前秦巴山区周边六大城市的联系度整体不高，各城市之间的联系协同仍有较大提升空间，亟待进行协同引导，促进环秦巴区域城市群的紧密协同发展。

（二）秦巴区域内部产业经济问题

1. 过去深度贫困问题突出

2017 年，在环秦巴山的 34 个主要城市地区中，仅有武汉、成都和西安三个地区的城镇人均可支配收入超过了全国平均水平，城镇人均收入水平最低的地区仅相当于全国平均水平的 60% 左右。从农村人均收入来看，也只有 14 个地区的收入水平超过了全国平均水平。收入水平最低的地区尚未达到全国平均水平的 50%。在全面脱贫前，整个区域曾经聚集了 75 个国家级贫困县，是国家 14 个集中连片特困地区之一。从空间分布来看，原贫困县主要集中在整个区域板块的核心层，多是生态环境脆弱的地区。

2. 区域内部发展差距过大

秦巴区域所涉及的 34 个地级市中，超过 2/3 的地级市人均生产总值低于全国平均水平，人均生产总值最低的地级市仅相当于全国平均水平的 20% 左右。区域内部的发展差距也较为明显，参照世界银行 2016 年根据人均 GNI（gross national income，国民总收入）水平的分组，考虑到该区域均不涉及国外要素部分，因此，采用人均生产总值进行分组对比分析。该区域板块既有人均生产总值超过 8.8 万元，达到高收入国家/地区水平的地级市，也有人均生产总值低于 2.8 万元，仍属于中低收入行列的地级市（图 2-8）。从人均生产总值的相对差距来看，最高与最低之比约为 9.3，远高于京津冀（最高与最低之比约为 4.37）和东北地区（最高与最低之比约为 4.63）区域内部的发展差距（2017 年）。可见环秦巴山区域各城市间的发展水平差距远大于京津冀地区和东北地区。

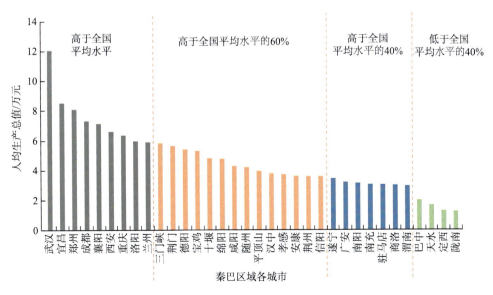

图 2-8　秦巴区域发展水平比较（2017 年）

与相对发达的京津冀区域、长江三角洲区域、珠江三角洲区域比较，相对发达区域的中心城市对周边区域的辐射带动作用较强，地区生产总值高值呈不规则的面状分布，且越靠近中心城市的地区生产总值越高，距离中心城市越远地区生产总值越低，区域内的地区生产总值低值出现在区域的最外围。环秦巴城市地区不仅经济发展的总体水平落后，区域内相对发达的中心城市的地区生产总值高值呈点状分布，并未延伸成面状，且地区生产总值低值分布在距离地区生产总值高值较近的位置，地区生产总值中间值分布也较为分散，说明中心城市对其他地区的辐射带动作用并未得到充分的发挥，并出现了相对集中的落后地区。

3. 有效产业分工不足

本书参照格罗宁根增长与发展中心（Groningen Growth and Development Centre，GGDC）的十部门产业分类方法，从行业价值链的角度，主要利用分行业就业数据来观察分析环秦巴区域各城市地区产业结构的层次。区域内发展水平相对较高的六个中心城市（武汉、郑州、西安、成都、重庆、兰州），制造业、建筑业、教育业在地区经济发展中所占比重较高，是主导产业。交通运输、仓储和邮政业，公共管理和社会组织业次之，但仍低于国内其他发达地级市。交通运输、仓储和邮政业，水利、环境和公共设施管理业占比相对较低，但在各市均具有一定份额。采掘业和农、林、牧、渔业占比最低，甚至出现了部分城市并无该产业的情况（图 2-9）。

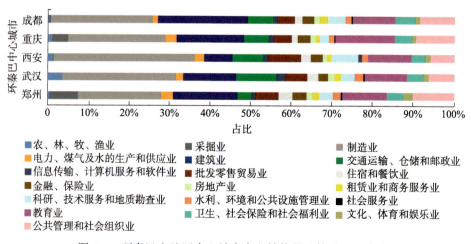

图 2-9　环秦巴山地区中心城市产业结构的比较（2017 年）

对于发展水平较低的地区，以教育、医疗等政府提供服务为主的行业占有较高的比重，部分地区已超过 50%（天水、定西）。部分地区建筑业与制造业的占比较高，说明这些地区处于大规模城市建设的发展时期。处在价值链中高端的运输服务业、贸易服务业和商务服务业所占比重都偏低，制约未来经济增长潜力的发挥。个人服务业、设施供应业、采掘业、农、林、牧、渔业所占比重较小（图 2-10）。

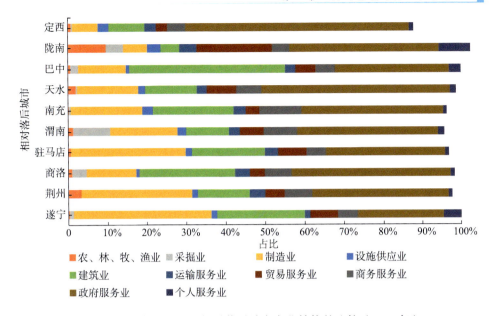

图 2-10 环秦巴山地区相对落后城市产业结构的比较（2017 年）

资料来源：根据 2017 年国务院发展研究中心数据得到，个别行业对于部分地区没有全覆盖，合计不为 100%

从整个区域的产业布局来看，除了发展水平较高的中心城市之外，其他地区产业结构相似度较高（图 2-11），尚未形成合理的产业分工。本书利用分部门的就业数据，以环秦巴区域板块整体的结构为参照水平，比较了各地区的产业结构相似系数。区域内产业结构过度趋同，意味着地区之间同质化竞争将加剧，不仅不利于地区产业发展水平的提高，也会由于过度的竞争损害区域内资源利用的整体效率。

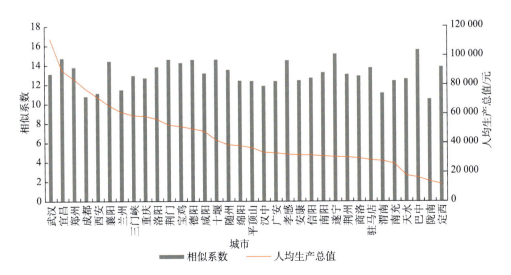

图 2-11 秦巴区域产业结构相似度比较（2017 年）

三、城乡空间层面

（一）城镇体系结构失衡

从秦巴区域的人口空间分布来看，城镇体系结构极为不平衡，在所比较的 34 个城市中，仅有六个城市的市区人口占其常住人口的比重超过 50%，25 个城市市区人口的占比都低于 30%（2017 年）（图 2-12），呈现出经济发展水平较高的大都市与发展水平相对落后的中小城镇高度分化的两极体系结构。如果不及时加以干预，会加剧中心城市的"虹吸效应"，即推动资本、人才等优质资源要素继续向区域内的大城市集聚，而落后地区的发展能力则进一步下降，陷入所谓的"贫困陷阱"。此外，在失衡的城镇体系下，过度集聚的中心城市，生活、居住、交通等社会成本将被不断提高，又会导致大量人口向外围地区蔓延，就业与居住地的分离趋势加剧，不仅会对长距离通勤交通和生态环境产生较大压力，也会导致地区之间税源和公共服务的供给出现更为严重的空间不匹配，制约整个区域福利水平的改进。

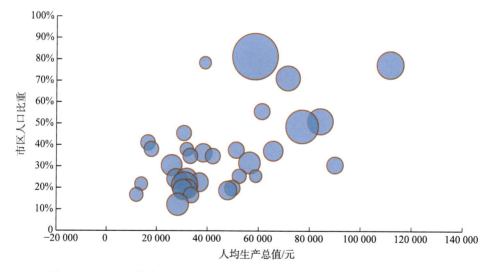

图 2-12　秦巴区域市区人口比重、发展水平和城市规模的比较（2017 年）
图中圆圈的大小表示对应人均生产总值和市区人口比重的城市人口规模

（二）人地矛盾依然严峻

秦巴山区自然资源环境区域差异较大，随地形变化的特征比较明显，地形呈西北高东南低之势，空间越邻近地形复杂的山区腹地，水资源越丰富，生态越重要，而土地资源越贫乏，地质灾害发生率越高；空间上越靠近外围平原或盆地地区，地形越平缓，水资源和生态资源越贫乏，地质灾害越少，土地资源则相对丰富。

截至 2017 年，秦巴山区可利用土地资源为 2874.35 万亩[①]，人均可利用土地资源仅为 0.49 亩，可利用土地资源比较缺乏。由于秦巴山区地形主要以山地为主，因此耕地可利用的土地资源较少，现有耕地资源主要为 25 度以上的坡耕地，部分区域坡耕地比例高达 50%以上。秦巴山区土地资源的丰富程度与地形地貌关系较大，可利用土地资源缺乏的县主要位于海拔坡度较大的陇南山区、丹江中上游地区以及巴山东段的三峡库区核心地带，土地资源相对丰富的区县主要处于土地相对平坦、人口较少的秦巴北麓、豫东地区和徽成盆地区域，汉中盆地、商丹盆地虽然相对平坦，但由于人口总量较大，总体比较缺乏。秦巴山区生态环境相对敏感，面临的环境污染风险加剧。秦巴山区约有 2/3 的土地属于生态主体功能区中的限制开发区和禁止开发区。

（三）统筹协调发展不足

首先，宏观层面缺少统筹，不利于区域城乡结构的优化。行政区划的限制对秦巴山脉地区的城乡发展合理性与科学性造成了影响。近年来，随着城镇化水平的提高，一方面，城镇基础设施、交通条件、人居环境不断改善，建设用地逐年增加，城镇生态资源面临较大压力；另一方面，土地利用率较低，土地长期粗放经营的问题仍未得到有效解决，导致地区人地矛盾进一步加剧。经济发展导致城镇不断扩张，对水资源不合理的调配及利用也日趋严重，因而出现了城镇的水资源承载力和发展规模不匹配的问题，也给城镇发展带来了极大的负面影响。因而，需要从生态承载力出发，从流域统筹视角着力，加强对区域城乡结构的优化与调整。

其次，中观层面亟待开展流域绿色单元协同与管控。在中观层面，秦巴山脉地区作为绿色基底的生态地区，以流域为单元的统筹发展有助于生态、水文、城乡、人口、产业等多方面的协同可持续发展。当前以行政单元为主导的城乡发展和管控使得秦巴山脉作为整体性生态系统被各级行政边界切割成不同的区域，行政分割无法合理配置和市场化运作水资源，造成了显著的公共资源外部性问题，如生态保护困境，水资源分配、节水工作步履艰难，以及水污染治理困难重重等。

最后，微观层面乡村聚落空间亟待优化和深入引导。小流域作为秦岭山地最重要的自然基础单元，有着较强的整体性，但也同样存在着层次性、差异性，较高层级的小流域和较低层级小流域存在着嵌套关系，存在着核心影响要素的不同，即使同一层级小流域，也因区位不同、资源不同、区段不同、地理特征不同，有着共性与个性的问题。在秦岭广为存在的小流域里，既是人口大量流失与乡村聚落空废率最高的地方，又是许多村民开始逐渐返回的地方，聚落呈现出差异化非常明晰的集聚与衰落趋势，流域内不同区段之间、相邻层级流域之间的交流也变得越来越频繁，受行政、市场、村民更高生活需求等因素以及承载地域的生态因

[①] 1 亩 ≈ 666.7 平方米。

素的影响，原有的社会-生态关系正在经历着急剧、多样的转变，大量存在的空置及不合理建设亟须合理管控与引导。

四、交通与基础设施层面

（一）区际交通联系较弱

秦巴区域整体交通基础设施骨架基本构建完成。但在内外交通联络、区际交通联络等方面仍存在协同不够紧密、联络不够通畅的问题。首先，秦巴区域内部路网通达性较差。秦巴区域内国省干线公路比例较小，仅为区域公路网总里程的10%。公路技术等级较低，二级及以上高等级公路里程仅占区域公路网总里程的8%左右。受山势和河流走向影响，多数国、省道公路呈南北走向，东西向连通的公路较少，车辆需要绕行。其次，秦巴区域城际通道连通性差。因公路、铁路主干线布局较为单一，区域内路网多从核心（省会）城市向外放射，省会到其他次级中心城市间基本依靠单通道的高速公路连通，铁路快速通道较少；次级中心城市之间的联系不便捷，必须通过省会中转或经过省会，给省会城市的交通带来不小的压力；区域更次级城市（市县）间的连接通道仍不多，交通设施薄弱且分布不均；通往各主要经济节点（如主要景区、产业园区等）的交通线路建设滞后，普遍等级偏低。最后，秦巴区域空中交通网尚未成形，一方面秦巴山脉核心区的支线机场与拓展区的枢纽机场间的航线缺乏，支线机场开辟航线首先考虑北京、上海、深圳等一线城市，不便于游客经拓展区枢纽机场中转进入核心区；另一方面在区域支线航路和航线数量不足，尤其是新建机场进离场的航线开辟较少的情况下，核心区内各机场间在"一小时航空圈"范围内却没有互通，联系不畅；另外，观光旅游、应急救援等通用航空发展相对滞后，通用机场数量较少，经营范围和应用领域较小。

秦巴区域涉及我国中西部多个重要区域和中心城市，如西安、重庆等，以及诸多城镇群，如关中平原城市群、中原城市群、成渝城市群以及武汉都市圈。但长期缺乏跨区域的协调机构进行统筹规划管理，完整连续的自然环境和生态系统被不同地域行政区划与行业部门横向和纵向切割，导致秦巴区域整体呈现碎片化的治理格局，交通运输规划、建设和管理难以统一和协调，交通运输资源难以综合利用。

任何一个区域内都有对区域发展有影响的战略性资源，交通资源也不例外，如建设优良港口、机场、重要铁路的工程选址，交通通道的线位选择等。各地在线位选择阶段就开始博弈，往往造成通道建设的地域不均衡和能力不协调。战略资源较为缺乏的其他城市因为对区域性战略资源的使用没有发言权，对资源使用并不关心，但由于不拥有区域大型对外交通设施，无法获得服务上的保障，纷纷考虑建设自给性机场、港口、综合客运枢纽等设施，导致恶性竞争和低水平重复建设。

（二）基础设施建设普遍落后

智慧城市基础设施总体还处于较低水平。在通信基础设施方面，秦巴山脉地区整体信息化、智能化建设水平仍落后于国内一、二线城市，无线网络覆盖的广度与深度仍需提升。在政务基础设施方面，现有政府数据机房支撑能力不足，无法满足更多机构或部门的进驻需求，机房服务器利用率不高，统一运维管理和虚拟化改造亟待加强；政务内网与外网的边界不够明确，政务应用部署缺乏统筹，政务外网与部门专网无法互联互通，影响政务数据传输与共享。在信息资源方面，尚未建立统一的基础数据库和标准统一的信息资源共享交换机制，信息资源共享层次较低。

智慧产业与"互联网+"融合不足。互联网与传统产业缺乏融合，物联网和大数据等信息技术手段在生产、流通、预测、决策过程中尚未被深入应用，电子商务等创新的应用模式亟待推广；本地信息产业整体水平偏弱，软件服务能力无法有效支撑信息化建设需求；园区信息化基础设施与管理服务能力亟待提升，在园区招商、企业一站式服务、宏观经济运行等方面尚未建立有效的信息化支撑手段。

智慧治理方面还有待统筹和优化。政务信息归集与发布的渠道分散、缺乏统筹，亟须构建网站群与新媒体相结合的政务信息发布体系。各项行政审批服务仍然依托各部门业务系统，业务数据和审批过程信息共享困难，存在重复录入和二次录入现象，对内亟待打通行政审批流程，提高审批效率，对外需结合"互联网+智慧城市"战略，将政务服务向移动应用拓展，创新政务服务模式。

智慧典型应用缺乏联动和互动。各部门信息化建设仍关注本身业务需求，已建成的应用系统各自独立，跨部门的业务协同缺乏相应的信息化手段支撑；各部门对内部数据资源的整合和利用不足，且缺乏跨领域、跨部门的综合利用分析，对城市运行状况的综合展示、联动处理、决策支持的支撑能力不足。

五、生态保护与修复层面

首先，生态保护与修复缺乏统一规划、协同指引。秦巴区域在地理单元和生态属性上属于一个相对完整的区域，但行政管理上分属于五省一市，无法打破行政区划的界限，导致区域发展和区域生态保护力度不足，秦巴区域各省市、区县有关生态环境保护的标准、要求、范围等不尽相同，导致工作难以统一协调，影响区域性的生态保护与管理网络体系的建立。

其次，秦巴山脉生态价值重大与生态环境保护问题矛盾突出。秦巴山脉区域生态系统功能遭受干扰、森林整体质量受损、水资源可利用率降低等问题逐渐暴露。野生动植物栖息地破碎化、片段化，大熊猫等珍稀野生物种受威胁因素依然存在等问题尚未完全解决。大型工程建设、旅游开发等对野生动植物生活环境产生不利影响，重要水源地保护区、江河源头区保护力度不足。秦巴山脉区域生态问题愈加突出，亟须国家层面出台总体性生态保护规划与相关法规。

六、总结

通过对秦巴山脉区域不同领域协同情况的分析可以看出，秦巴区域的协同水平整体较低，尚未形成相对系统的协同体系，具体体现如下。一是政策体系层面受行政分割管辖影响较大，区域协同发展政策较少，在文化共保、生态共治等基本协同领域均未形成一致的政策协同方案和体系；二是区域内部产业结构过度趋同，产业分工体系模糊，内部同质竞争激烈，核心城市之间联系强度有待进一步增强；三是区域内中心城市对落后地区辐射带动未见成效，大城市"虹吸效应"加剧，城镇体系结构扁平化，中小城市、城镇发展速度和质量均待提升；四是区际交通联系较弱，路网通达性有待提升，基础设施互联互通普遍落后；五是在生态共保、共治等重大基本问题上缺乏统一协同指挥。

综上所述，与京津冀地区、长江三角洲城市群、珠江三角洲城市群等区域板块相比，环秦巴城市区域内部存在明显的发展差距，除了成渝等几个核心城市外，整体工业化、城镇化水平相对较低，对山脉区域的辐射带动作用更是十分有限。随着国家整体发展阶段向高质量迈进，秦巴区域加快发展的诉求非常强烈。从国际、国内不同地区的发展经验来看，越是落后的地区，地区之间在资源、产业、市场等各个层面的竞争越会加剧，而且受自身发展能力的限制，竞争更多集中在资源密集型、附加值较低的初级产业领域，不仅使得资源要素的整体空间配置效率降低，而且会导致生态环境难以实现良好的治理。因此，环秦巴城市地区的发展必须走协同发展之路，即通过对不同地区在国家层面和区域层面功能定位的优化和细化，使得各地区的产业发展和增长路径更加多元化，地区之间形成更加精细化、差异化的分工协作关系，释放"1+1>2"的协同发展效应，从而实现更加包容、更加均衡、更加协调和可持续的高质量发展。

第三章

区域协调相关理论及经验借鉴

第一节　协同发展的内涵

"协同"一词起源于我国《汉书·律历志上》，"咸得其实，靡不协同"。含义是协调一致，和合共同。1971 年，德国物理学家哈肯从系统工程学的角度提出了"协同理论"（synergetic），认为自然界和人类社会的各种事物普遍存在有序、无序的现象。在一定的条件下，有序和无序之间会相互转化，无序就是混沌，有序就是协同。协同效应是协同作用产生的结果，指复杂开放系统中大量子系统相互作用而产生的整体结构效应或集体效应。

20 世纪 90 年代中后期，协同的发展理念开始在欧美一些发达国家的区域发展中得到强化。例如，德国在 1999 年区域规划政策调整中强调要加强基于城市分工网络的区域合作，创造发展的协同效应。美国在 2000 年针对落后地区和萧条地区的发展政策中也改变了传统的政策思路，强调要以整体系统性的方法促进上述地区的发展，与知识经济相适应，通过产业的协同、组织的协同促进区域发展。综合有关的协同学理论和各国区域协同发展的实践经验，可以从以下三个维度来理解区域协同的内涵。

（1）"协同"是指区域系统中各子系统之间相对稳定的一种关系状态。从区域经济社会发展整个大系统来看，它是具有多维性的，包括空间维度（国家↔区域↔行政区）、关系维度（交换↔合作↔协同↔一体化）、功能维度（经济↔社会↔生态环境）、社会再生产维度（生产↔分配↔消费）等。作为子系统的不同地区分布于多维网络系统之中。在经济社会发展的初级阶段，各子系统之间更多的是信息、资源的简单交换，随着经济复杂程度的提高，子系统之间的关系逐渐向协同、一体化等高级形态演变。区域协同不仅包括空间层面的协同，也包含其他维度层面的协同。空间层面的协同又包括地理邻近地区的协同和非毗邻地区的协同。本书重点讨论的是国家层面的协同。

（2）"协同"是区域经济发展的目标状态之一。从系统进化理论来看，每个系统都处在由简单向复杂、无序向有序、封闭向开放、简单组合向聚合进化的过程。"协同"是区域经济系统向更"稳定"、更"健康"状态演化进程中的目标状态。处于协同状态的区域经济系统具有整体性、结构平衡性、关联性、开放性等基本特征。整体性表示区域系统是由各区域（子系统）基于一定的规范关系形成的有机组合，不可能通过单一区域实现整个系统的目标。结构平衡性是指各区域的平衡，区域差距过大、功能无差异等都是结构失衡的表现，会影响系统整体运行的效率。关联性强调各区域之间是彼此影响、相互促进的。开放性强调协同的区域经济系统是一个开放的系统，相对于低水平封闭的系统而言，开放性的系统可以通过与外界系统的资源与能量交换实现可持续的有序发展。

（3）"协同"是实现区域协调发展总体战略目标的新路径。与传统区域经济发展思路相比，区域协同发展更强调以下三个方面：一是更强调不同类型地区发展路径的多元化、差异化。在复杂开放式的区域系统中，每个地区发展的初始条件和最终状态都存在显著的差异，初始条件和最终状态也并非直线对应的因果关系。因此，不同地区的发展路径不具有普遍适用性。每个地区都需要根据自身的条件选择差异化的发展路径。二是更强调不同地区之间动态的熵平衡。区域经济系统是一个多层级多维度的系统，低层级的子系统可能是更高层级子系统的构成要素，每个子系统本身又可能是另一个维度子系统的组成部分。整个系统既有系统性目标，也有子系统（地区）目标；既有单个子系统自身的运行，也有不同子系统之间的组织调节；既包括经济领域的平衡，也包括生态、社会等领域的平衡。因此，为了实现整体系统的动态稳定，必须强调系统结构的平衡性。失衡的结构将影响整个系统的运行效率。例如，某个地区与周边地区的发展差距过大，就会引发一些区域问题，如大城市病、环境问题、大都市周边的贫困问题等。三是更强调不同地区之间的深度合作。如上所述，区域系统是由相互依赖的区域子系统构成，不同区域之间都在以某种方式/路线进行着投入-产出的转换，任何区域的功能和内在的结构都与其他区域存在着直接或间接的联系。因此，在协同的过程中，需要加强不同地区之间的深度合作，确保整个系统的运行不出现偏离目标的过大波动，实现更高层级的有序化发展。需要明确的是，区域协同发展是以一种更加系统性、整体性的思维，更强调整体协同效应的新思路来实现区域协调发展，实质上是对区域自身发展路径的优化，以及区域和区域之间关系的重塑，是基于区域协调发展总体战略目标之下的一种发展路径创新。

第二节　区域协同相关理论研究

一、人地关系理论

人类和自然环境之间有着密不可分的关系，它们相互影响、相互制约。一方面，人类的生存和发展需要从自然界中获取物质和能量，另一方面，人类生产生活所产生的垃圾要排放到自然界中。

人地关系理论着重探讨人类活动与自然环境之间的相互关系，包括人和自然环境健康、和谐发展的内在机制和路线方针，涉及众多学科，是自然科学、工程技术与人文科学交叉与渗透的结晶，为人类寻求人与自然协调发展提供了一定的理论依据。人文地理学中关于人地关系理论的思想来源有五个[①]，在这五种思想影响下，以人地关系为思想构架，相继从不同视角发展出不同的研究主题和思想观念，形成了各种不同的人地关系理论，其中人地关系协同论则是研究人与自然环境之间和谐共存、反馈与制约、利用与合作、发展与协调等关系及规律的科学。伴随着中国工业化和城镇化的快速推进，保障人地关系持续和谐演进的资源环境基础被撼动，我国未来发展的根本任务不仅仅在于如何持续提高14多亿人口的生活标准和财富积累水平，更在于如何稳固支撑这种现代化持续发展所必需的资源环境基础[②]。人是人地系统中的主动因子，更是影响人地关系状态的核心，如何认定自身在人地系统中的位置是协调人地关系的思想根基，运用科学方法评估地类要素的基础状态、人地系统演变的趋势和机理，是深化对人地系统认识的科学基础。

近年来，人地关系研究的切入点呈现精细化趋势，使人们对人地系统中单要素的把握越发深化，然而对于人地系统组成要素这个问题，历来是见仁见智。因此，不同学者的人地关系理论研究的内容也不尽相同。值得注意的是，仅仅掌握要素虽然有助于但并不能够把握整个人地系统的行为特征，因为要素之间以及要素与系统之间还存在复杂的相互作用和反馈关系，从而使人地系统的行为特征更加复杂[③]。此外，受社会发展的影响，人地关系的内涵也发生着变化，新技术、新因素的出现也不断改变着人地互动的方式、广度和深度[④]。无论从人地关系整体还是其内部要素视角，均不断出现不同于以往的特征和演进态势。对我国而言，支撑近40年经济社会高速发展的自然资源被过度地开发，使得国土空间承载能力受到挑战，带来了一系列的人地关系失衡的问题，如土地退化、生态系统受损、灾情加重、环境污染、森林衰退、生物多样性锐减等一些重大环境与生态问题，这些问题无一不说明人地关系协调发展的重要性。人地系统作为地球表层最基础的关系系统，协调这个系统关乎全世界社会经济的可持续发展，所以如何协调人地关系，促进绿色、协调、可持续发展，落实生态文明理念已经成为影响中华民族伟大复兴的重大科学问题和战略问题。可持续发展理论的提出对我国人地关系发

① 王爱民，缪磊磊. 地理学人地关系研究的理论评述[J]. 地球科学进展，2000，15（4）：415-420.

② 刘毅. 论中国人地关系演进的新时代特征："中国人地关系研究"专辑序言[J]. 地理研究，2018，37（8）：1477-1484.

③ 樊杰. 人地系统可持续过程、格局的前沿探索[J]. 地理学报，2014，69（8）：1060-1068.

④ 郑度. 21世纪人地关系研究前瞻[J]. 地理研究，2002，21（1）：9-13.

展研究起到了积极的促进作用，以"协同论"为主论题的各种人地关系理论开始不断出现。如何从综合视角科学认知新时期中国的人地关系，识别人地关系演进过程中资源环境基础的安全保障能力以及人地核心要素之间的相互作用机理，寻求国家工业文明向生态文明有序转变的发展模式以缓解乃至遏制日趋紧张的人地关系，是国家和地区可持续发展的首要任务和基本前提。

二、"天人合一"思想

　　"天人合一"观念是中国传统哲学的重要起点，在中国古代，人们敬畏自然，梦想天下大同，故而先哲提出"天人合一"思想，即做到与自然、社会、他人以及自我的身心内外相和谐，才可称为"圣人"，从而实现"天人合一"的大同社会。"天人合一"的思想最早由道家思想家庄子发展为"天人合一"的哲学思想体系，并由此构建了中华传统文化的主体。庄子认为人是自然的一部分，他的观点是天与人是统一的，毕生追求一种"独与天地精神往来"（《庄子·杂篇·天下》）、"天地与我并生，而万物与我为一"（《庄子·内篇·齐物论》）的"天人合一"的精神境界。宇宙自然是大天地，人则是一个小天地。人和自然在本质上是相通的，故一切人事均应顺乎自然规律，达到人与自然和谐。老子说："人法地，地法天，天法道，道法自然。"（《道德经》）"天"代表"道""真理""法则"，老子所提倡的是人应当尊重天，不应当以人的行为擅自影响自然规律，这是不容置疑的，是顺应天道。"天人合一"思想被老子阐释为"道"，而"道"就是"一"，以"无为"顺应自然。只有这样，才能顺应自然规律，以"无为"达到"无不为"的境界，真正与"天"合而为一。"天人合一"不仅仅是一种思想，更是一种状态。教育部高教司、张岱年、方克立在《中国文化概论》中指出，"天人合一"是中国文化基本精神的主体内容，中西文化的基础差异就是在人与自然的关系问题上。

　　本书以山脉为主的自然生态系统就是"天"的概念，而以城市为主的人居系统则为"人"的概念，这种"天人合一"的关系映射的是山脉-城市共同体的关系，也是城市山脉相互依存，相互支撑的关系。"天人合一"的当代价值体现在"和谐"上。数千年来人们对这种思维模式"孜孜不倦"地追求所希望实现的也正在于此，在"天人合一"的视域下，人与自然、人与社会、人与人，甚至人与自身的发展都要和谐。而如何在当今社会真正地实现"天人合一"，做到城市生态系统和自然生态系统相协调，把人类发展与自然保护平等地放在同一地位上，关乎人类与自然未来发展甚至生死存亡。"物我一体""天人合一"的思维模式贯穿于中国的传统哲学中，无论是儒家思想的"为仁由己""仁者爱人"，还是道家的"天地与我并生"，抑或《中庸》中关于和的解释，都不约而同地诠释着以人为本、关爱自然这一主题。人作为社会的一部分，作为认识自然和改造自然的主体，在生活过程中，必须接触自然、接触社会，并且不能脱离这个组织，否则将无法继续生存，在此过程中，如何端正态度，摆明立场，采取怎样的一种态度面对上天恩赐给我们的自然环境，都应该认真地思考①。

三、共生理论

"共生"（symbiosis）一词来源于希腊语，由德国真菌学家德贝里在 1879 年提出，最早起源于生物学的研究，在漫长的生物演化过程中，生物与生物之间的关系逐渐变得复杂。出现了两种生物在一起生活的现象，这种现象统称为共生。在生物界，生物之间不仅存在着环环相扣的食物链，而且也存在动物之间的相互依存、互惠互利的共生现象。许多共生关系最开始也许只是兼性共生，在经历了长期进化之后，这些生物会变得越来越依赖共生关系，因为共生特征在优胜劣汰的自然选择中具有强大的优势。最终，共生双方将完全依靠共生关系获取食物、居所、酶等生存物资，这是两个生物体之间生活在一起的交互作用，彼此互利地生存在一起，缺此失彼都不能生存的一类种间关系，是生物之间相互关系的高度发展。生物学界在不断地研究总结和实践中补充共生的概念使其有一个清晰的论点：共生是指不同物种依靠某种物质联系并相互依存②。

我国越来越多的学者将共生理念融入自己的研究领域，从社会大系统角度讲，共生普遍存在于社会大系统中，是区域系统功能最优化、成本最小化、效益最大化的动态与持续的共赢、共振状态。区域是一个典型的多重关联的政治、经济、社会复杂大系统，区域共生指区域单元与要素间相互联系、相互影响、相互牵制、相互促进、相互嵌套的互动、共赢状态，是一种系统组织、社会组织与经济组织现象③。在区域协同合作中，区域各单元之间存在着相互促进、相互制约的关系，这种关系涉及社会、自然、文化、经济等领域，它类似于生物学上所研究的共生系统，所以越来越多的研究者将共生思想融入区域研究当中，试图探索影响区域协同发展的各要素之间的内在关联，以此来解决区域发展中的不平衡、不同步、不协调与不合理等问题，从而促进区域和谐发展，达到共赢共生的目的。

四、核心-边缘理论

美国学者弗里德曼（Friedman）提出的核心-边缘理论是用来解释经济空间结构演变模式的理论。弗里德曼认为，任何一个国家都是由核心区和边缘区组成。核心区是由一个城市或城市集群及其周围地区所组成的。边缘的界限由核心与外

---

① 王漠. 论中国传统"天人合一"思维模式[D]. 沈阳：沈阳师范大学，2012.

② 杨怡. 基于共生理论的武汉城市圈旅游多中心协同发展研究[D]. 昆明：云南财经大学，2017.

③ 朱俊成. 基于共生理论的区域多中心协同发展研究[J]. 经济地理，2010，30（8）：1272-1277.

围的关系来确定。以核心和边缘作为基本的结构要素。核心区是社会地域组织的一个次系统，能产生和吸引大量的革新；边缘区是另一个次系统，与核心区相互依存，其发展方向主要取决于核心区。核心区与边缘区共同组成一个完整的空间系统。

核心区指城市集聚区，工业发达、技术水平较高、资本集中、人口密集、经济增速度快，包括：①国内都会区；②区域的中心城市；③亚区的中心；④地方服务中心。

边缘区是那些相对于核心区来说，经济较为落后的区域，又可分为过渡区域和资源前沿区域。过渡区域包括上过渡区域和下过渡区域。

上过渡区域是联结两个或多个核心区的开发走廊，虽然处在核心区外围，但与核心区之间建立了一定程度的经济联系，受核心区的影响，经济发展呈上升趋势，就业机会增加，能吸引移民，具有资源集约利用和经济持续增长等特征。该区域有新城市、附属的或次级中心形成的可能。

下过渡区域的社会经济特征处于停滞或衰落的向下发展态势。这类区域可能曾经有中小城市的发展水平，其衰落向下的原因，可能是初级资源的消耗、产业部门的老化、缺乏某些成长机制的传递、放弃原有的工业部门、与核心区的联系不紧密等。资源前沿区域，又称资源边疆区，虽然地处边远区域，但拥有丰富的资源，有经济发展的潜力，有新城镇形成的可能，有出现新的增长势头并发展成为次一级的核心区的可能。

根据核心-边缘理论，在区域经济增长过程中，核心与边缘之间存在着不平等的发展关系。总体上，核心居于主导地位，边缘在发展上依赖于核心。由于核心与边缘之间的贸易不平等，经济权力因素集中在核心区，技术进步、高效的生产活动以及生产的创新等也都集中在核心区。核心区依赖这些优势从边缘区获取剩余价值，使边缘区的资金、人口和劳动力向核心区流动的趋势得以强化，构成核心区与边缘区的不平等发展格局。核心区发展与创新有密切关系。核心区存在着对创新的潜在需求，创新增强了核心区的发展能力和活力，在向边缘区扩散中进一步加强了核心区的主导地位。但核心区与边缘区的空间结构地位不是一成不变的。核心区与边缘区的边界会发生变化，区域的空间关系会不断调整，经济的区域空间结构不断变化，最终达到区域空间一体化。

核心-边缘理论能够表征不同地区的发展状况、存在的问题和发展的潜力，它表现在全球、大洲、国家、区域、城市等各个具体的区域空间层面①。

显然，核心-边缘理论在试图解释一个区域如何由互不关联、孤立发展，变成彼此联系、发展不平衡，又由极不平衡发展变为相互关联的平衡发展的区域系统。

---

① Friedman J. Regional Development Policy: A Case Study of Venezuela[M]. Cambridge: MIT Press, 1996.

处于秦巴区域核心的秦巴山脉生态价值十分突出，是我国重要的生态屏障和生态安全要地；外围的环秦巴城市地区有成渝城市群、关中平原城市群、中原城市群、武汉都市圈等大体量城市人居聚落，是促进我国经济发展的急先锋。秦巴山脉地区凭借其突出的生态条件为外围城市群提供水域、森林、大气等多种生态能量的支撑；外围城市系统则为内部腹地提供了生态保护、产业转型、就业疏解、基础工程等多样人工能量的支撑。秦巴山脉地区虽然位于核心区位，是"生态的高地"，但因其脆弱敏感的地理条件，成为"经济的洼地"。从发展的角度来说，秦巴山脉地区作为经济发展的边缘区，与环秦巴城市地区的各大城市群形成的核心发展区域之间有着紧密的联系，但也存在着极大的不平衡，因此，探索秦巴区域协同发展路径，构建秦巴山脉与周边城市地区的协同发展格局，改变秦巴山脉生态环境保护与经济社会发展矛盾突出的现状问题。

五、点–轴系统理论

波兰经济学家萨伦巴和马利士是最早提出点轴开发模式的学者，该模式是增长极理论的延伸，从区域经济发展的过程看，经济中心总是首先集中在少数条件较好的区位，成斑点状分布。这种经济中心既可称为区域增长极，也是点轴开发模式的点。随着经济的发展，经济中心逐渐增加，点与点之间，由于生产要素交换需要交通线路以及动力供应线、水源供应线等，相互连接起来就是轴线。这种轴线首先是为区域增长极服务，但轴线一经形成，对人口、产业也具有吸引力，吸引人口、产业向轴线两侧集聚，并产生新的增长点。点轴贯通，就形成点轴系统。因此，点轴开发可以理解为从发达区域大大小小的经济中心（点）沿交通线路向不发达区域纵深发展推移。点轴开发模式通常比较重视"点"作为增长极的作用，这些点通常是区域的中心城市或者自身经济发展比较好的区域。同时该理论重在强调"点"与"点"之间的"轴"作用，在相关应用中非常注意区域发展的区位条件及交通条件，增长极的开发没有结合交通轴线来发展的促进作用大。城市圈及城市群按既定的规律发展时，区域中大部分的经济资源、生产要素会集聚在中心城市，并且由交通线路联系形成发展轴。随着区域内重要交通通道，如城际铁路、高速公路、水运航线的建立，区位条件和投资环境都向有利方向发展，生产和运输成本逐渐降低，通过便捷交通联系的人流量及物流量也随之增加。经济转型升级以来，国内的区域经济开发及生产力的布局主要是根据点轴开发战略发展方式开展的，人口及产业都向交通便利的交通干线周围聚集，促使交通线路的汇聚处形成经济增长较快的区域，而交通的沿途区域也将成为经济增长带。应用点轴开发模式需注意三点：①注意所在区域的经济发展水平；②注意各增长极之间的经济联系程度；③注意发展轴的经济合理的空间距离。实际规划中，必须确定中心城市的等级体系，确定中心城市和生长轴的发展时序，逐步使开发重点转移扩散。

在前人研究的基础上，我国著名学者陆大道先生结合我国国情，在 1984 年最早提出点-轴系统理论，"点"指各级居民点和中心城市，"轴"指由交通、通信干线和能源、水源通道连接起来的"基础设施束"。"轴"对附近区域有很强的经济吸引力和凝聚力。轴线上集中的社会经济设施通过产品、信息、技术、人员、金融等，对附近区域有扩散作用。扩散的物质要素和非物质要素作用于附近区域，与区域生产力要素相结合，形成新的生产力，推动社会经济的发展[①]。陆先生提出的点-轴系统理论与中国国土开发和区域发展的"T"字形空间结构战略，即以海岸地带与长江沿岸作为今后几十年中国国土开发和经济布局的一级轴线的战略，被国家所采纳，并获得学术界广泛引用和推崇。理论提出后他不断结合我国国情发展和战略实践对其深化演化。随着我国区域规划的日渐被重视和兴起，人文与经济地理学者不断地将点-轴系统理论应用扩大至各类型、各专业的区域战略决策中。

点-轴系统理论是根植于我国现实国情而诞生的创造性理论，它实现了经济和社会要素与区域性基础设施之间的有机结合，即经济和社会设施的布局在宏观、中观、微观都与水资源、土地资源、交通等实现最佳的空间结合。发挥了各级中心地的作用，有利于城市之间、区域之间、城乡之间便捷地联系。客观上实现区域内、城市间的专业化与协作，形成有机的地域经济网络。在某种程度上，点-轴系统理论的思想打破了计划经济时期的生产力布局模式，使其在渐进式扩散的过程中开始重点考虑市场的因素，并将全国战略和地区战略较好地结合起来，使各地区、各部门有明确统一的地域开发方向，有利于提高市场经济条件下建设投资效率和管理水平。随着国家和区域经济网络的逐步形成，通过点-轴渐进开发模式将实现区域间从不平衡到较为平衡的发展[②]。

区域基础设施网络的完善，会减弱中心城市的极化作用，增强其向外的扩散作用，利于改善区域的不平衡发展现状。未来秦巴地区的经济发展应与基础设施建设并重，寻求生产布局与现状基础设施之间的最佳空间组合，这要求我们不仅要重视核心城市作为增长极的作用，还要重视在一定的方向上联结若干不同级别中心城镇而形成的相对密集的人口和产业带的轴的带动作用，从而使区域内各地区、城市根据区域发展轴线确立地域发展方向，达到以点带轴、以轴带面的扩散效果，从而实现区域协同发展的格局。

---

① 陆大道. 潜力理论与点轴系统[J]. 地理知识，1986，（12）：7-10.

② 孙东琪，刘卫东，陈明星. 点-轴系统理论的提出与在我国实践中的应用[J]. 经济地理，2016，36（3）：1-8.

六、高地-低地理论

高地-低地空间系统是一种具有广泛地表形态代表性（如秦巴山地与周边低地平原空间系统，祁连山地与河西走廊及山南盆地空间系统，燕山山地与北京倾斜平原空间系统，太行山地与华北平原及汾河谷地空间系统）的国土空间基本范式，是自然-人口-经济-社会各要素在典型地域空间序列上紧密关联形成的一种耦合空间系统。

高地-低地空间系统由两个相互联系的概念和范畴构成：一是高地低地相互作用系统。其作用机制主要指山地高地与平原盆地低地之间，在位势能和水塔效应下形成的水循环、物质侵蚀循环过程及其调控关系，以及在生物多样性、资源供给、人口经济、差异化的空间保护与发展等方面的空间共生关联关系。二是流域地域系统。流域地域系统主要指由分水岭所分隔且高程渐次降低的山沟谷盆体系、河流水系、山外平原、流域气候生态分异等自然地域系统，以及耦合于该自然地域系统之中的流域人类活动与人口空间过程、流域水资源水生态网络、产业空间演替与交通通道建设、流域商品交流与文化融合、上游聚落变迁与外围低地平原城市发展、流域空间功能分工与生态整体性维护等社会经济活动空间地域系统。高地低地相互作用系统与流域地域系统这两个概念，虽然视角有所不同，但却是紧密关联不可分割的一组范畴。前者强调竖向高程方面的纵向动力学关系，后者强调通道、纽带（廊道系统）和域面等丰富的实际关系，二者在逻辑上是递进的，是高地-低地空间系统在不同层级上的表达形式。二者紧密联系、递进补充，共同构成中心山地与外围低地平原相互作用、相互联系，自然生态与经济社会高度复合，要素与空间交互耦合的高地-低地空间系统。

七、复杂性科学

复杂性科学的特征是超越传统科学还原论的制约，从整体层面重新认识事物的复杂性，建立定性判断与定量计算相结合、微观分析与宏观综合相结合、还原论与整体论相结合、科学推理与哲学思辨相结合的新的科学思想与方法体系。尽管复杂性科学还处于初期发展阶段，但是其突出成果的累积已经十分丰富，从早期的系统论、信息论、控制论、运筹学，到耗散结构理论、协同学、突变论、超循环理论、分形理论、混沌理论等，为复杂性科学打下坚实的基础，不仅产生了许多开创性的科学家，而且形成了圣菲研究所等众多致力于复杂性科学研究的机构。

复杂性科学突破了传统科学研究的领域，直面客观世界的复杂构成与现实问题，使得如社会科学层面的问题凸显出更具复杂性科学研究的含义和价值。秦巴山脉区域是典型的复杂巨系统，包括山脉体系等自然系统，也包括社会经济等人文系统，传统的研究方法难以应对这一复杂的多系统对象。以复杂性科学研究思想为方法引导，从自然山脉与人类系统的整体性入手，结合系统分析与传统量化研究，进而得出融贯综合的成果，应该是解决秦巴区域这一复杂巨系统相关问题的科学途径。

八、小结

秦巴山脉与周边环秦巴城市地区是典型的完整人地系统，在高地-低地理论中，二者之间存在着密切的能量和物质联系，是紧密联系的统一体。因此，在处理山脉腹地的生态保护与外围城市群之间的关系时，应以人地关系理论为基础，以二者之间密不可分、相互影响、相互制约的关系机制为前提，以构建协调、绿色、可持续的人地关系为目标，开展秦巴区域的协同发展。同时，应运用天人合一思想和共生理论，做到城市生态系统和自然生态系统相协调，把人类发展与自然保护平等地放在同一地位上，探索影响区域协同发展的各要素之间的内在关联，以此来解决区域发展中的不平衡、不同步、不协调与不合理等问题，从而促进区域和谐发展，达到共赢共生的目的。

此外，应参考核心-边缘以及点-轴系统等经典区域地理关系理论，推动秦巴山脉与周边环秦巴城市地区之间的不平衡发展现状向均衡发展、网络发展的理想格局转变。从内部来看存在着核心-边缘的关系特征，目前呈现出山区腹地成为经济洼地的边缘区，周边城市成为经济高地的核心区的不平衡关系，但其最终是要走向彼此联系、发展均衡的网络关系格局。可依托秦巴区域的线性交通建设，扩散外围中心城市影响力和带动效应，逐步实现区域整体的共同发展，最终形成从点-轴、核心-边缘的不平衡格局转向均衡、网络化的平衡发展格局。

第三节　区域协同发展案例分析

生态空间是区域范围内城市群发展的重要生态载体，具有维持区域生态稳定的作用，同时也形成了区域范围内的自然景观区，为居民提供自然生态游憩空间。反过来，生态空间周围城市群为其生态保护提供社会、经济与政策等方面的支撑。生态空间与城市群之间形成了类似于生物之间相互依赖、彼此有利的共生平衡关系。纵观全球，阿尔卑斯山脉周边地区、五大湖城市群、兰斯塔德城市群、环渤海湾经济圈等都是依靠巨大的生态源衍生出人居聚落群的经典案例，对于秦巴区域的保护与发展具有重要借鉴意义。

一、阿尔卑斯山脉周边地区

阿尔卑斯山脉位于欧洲中南部，长 1200 千米，宽 130~260 千米，平均海拔约3000 米，总面积大约为 22 万平方千米。其覆盖了意大利北部、法国东南部、瑞士、列支敦士登、奥地利、德国南部及斯洛文尼亚。就保护而言，由于阿尔卑斯山覆盖了多个国家和地区，在发展过程中涉及多方利益的协调，跨国机构和国际组织由此孕育而生，最具代表性的是《阿尔卑斯山公约》将欧盟及八个国家（奥地利、德国、法国、意大利、列支敦士登、摩纳哥、斯洛文尼亚和瑞士）协同起来，通过实施各项协议和宣言，在阿尔卑斯地区超越国界，打造出本区域独特的品质和特点。该公约中对阿尔卑斯山林业、农业、旅游业、自然景观保护等方面均做了符合各国国情的规定。阿尔卑斯山是欧洲范围内以区域合作为目的成立跨行政边界机构历史最为悠久的山区，阿尔卑斯山区的中、东、西部从 20 世纪 70 年代起逐步创建了区域工作团体，在两国或多国毗邻地带的著名游览区也成立了区域联合机构。阿尔卑斯山各国通过联合举办"年度阿尔卑斯山小城镇"的活动，评选表彰协调好自然、经济、文化、社会效益的山区小城镇，推动了阿尔卑斯山区旅游对各国经济社会发展多方面的影响力。

二、五大湖城市群

　　北美五大湖是世界最大的淡水湖群，即北美洲的苏必利尔湖、密歇根湖、休伦湖、伊利湖和安大略湖等五个相连湖泊的总称，有"北美大陆地中海"之称。五大湖城市群分布于五大湖沿岸，从芝加哥向东到底特律、克利夫兰、匹兹堡，并一直延伸到加拿大的多伦多和蒙特利尔，区域面积约 24.5 万平方千米，2015 年人口接近 6000 万人。钢铁集中在匹兹堡，汽车集中在底特律及周围地区，是一个巨大的世界工厂，对美国的西部大开发和城市群演进发挥了重要作用。然而，五大湖孕育了五大湖城市群，城市群的无底线发展却对五大湖的环境造成了极大破坏，如当地有机化工和冶金工业得到大力发展，导致大量重金属和有毒污染物质进入水体。汽车普及造成含铅废气排放量的增加，化肥、杀虫剂的广泛使用，也加剧了五大湖的水污染。针对五大湖的污染问题，城市群中的各个中心城市着力推动经济转型、产业升级和环境重建，积极开展城市群环境合作。美国和加拿大于 1972 年签署了《大湖水质协议》，并于 1987 年和 2013 年进行了两次修订，形成了保护与治理的跨区域协作共识。2002 年，芝加哥市牵头成立了"五湖联盟"，每年聚会一次，就产业竞争、污染治理、气候应对等重大问题协调各方利益，确保实现共赢。从五大湖区环境治理的实践看，各级政府、流域管理机构、科研机构、用水户和地方团队、非营利组织等都是环境治理的主体，其中政府发挥着主导作用。长期以来，政府坚定不移地保护湖区，并采取创造性的行动和合作。五大湖区周边包括加拿大两省和美国的八个州，有数千个地方区域和有特别功能的主管团体，他们都参与对湖区的管理。五大湖城市群各个中心城市着力推动经济转型、产业升级和环境重建，积极开展城市群环境合作，各个城市通过技术创新，逐步淘汰污染严重的产业和企业，并大力发展服务业。由五大湖区委员会和美国的八个州及加拿大安大略省合作构建了快慢相宜、水陆并举的区域旅游交通网络"五大湖区旅游环线"。芝加哥是五大湖城市群的核心城市，转型后的芝加哥会展业和期货业飞速发展，仅麦考密克展览中心每年就能为芝加哥带来几百亿美元的收入。

五大湖区区域协同基本集中在湖区水质协同、环境及流域空气协同方面；协同问题主要涉及美加产业经济利益分配，是国家之间的利益博弈，缺少仲裁和决策方；产业转型从传统制造业转为服务业，这与美加两国尤其是美国城市群发展阶段以及国家产业发展方向选择直接相关。美加两国之间及湖区地方政府之间围绕五大湖的资源利用和环境保护进行了长期合作，形成的基于区域合作组织、产业结构转型、多元主体参与的跨域环境治理机制，促进了五大湖环境的有效治理，也为世界其他城市群的环境合作积累了经验。五大湖与城市群的关系和秦巴山脉与周边城市地区的关系有相似之处，五大湖与城市群的发展历程也为秦巴区域的保护与发展提供了重要启示。秦巴区域协同的产业转型更多的是绿色低碳制造业转型发展和服务业深度发展双轨并进，这是符合我国国情和国家产业方向选择的结果；秦巴区域生态环境保护协同以国家为主体推进，协同矛盾相对较小；秦巴区域协同中的利益分配，主要是城市（群）之间或省际的，由中央和国家进行调和与决策。因此，如果说西方国家间已经形成相对成功的高价值生态与城市聚集区域的生态保护与经济发展协同机制，中国秦巴山脉区域的保护发展协同机制的形成应该更具多方面优势。

三、兰斯塔德城市群

兰斯塔德地区是位于荷兰西部，由阿姆斯特丹、海牙、鹿特丹和乌得勒支四大核心城市及阿尔梅勒、代尔夫特、多德雷赫特、豪达、哈勒姆、希尔福瑟姆、莱顿、祖特尔梅尔、武尔登及阿尔芬等小城市组成的多中心都市群。兰斯塔德绿芯是被城市群环绕的绿色开放空间，位于兰斯塔德都市群中央，约 400 平方千米的农业用地构成绿芯的主体空间。兰斯塔德地区河网纵横，欧洲大陆多条河流经此地。兰斯塔德地区的绿芯地势低洼，最低位于海平面以下 6.74 米，由于多是泥潭沼泽，早期的村落只能沿着河岸堤坝或岗丘发展，城市开发只能环绕绿芯进行。20 世纪末，兰斯塔德地区城市化进一步发展，绿芯紧邻大城市，又是荷兰园艺业最发达的地区，绿芯地区的城镇大力招商和吸纳外来居民，于是人口不断增长，绿芯渐渐被侵蚀，大面积的森林也被城市盲目扩张所破坏，地下水保育、海水倒灌、洪水威胁、水环境生态恶化等问题日益突出。

为保护中央绿芯并协调绿芯周围城镇的发展，建立了由国家、省和市镇政府主导，企业和公众参与的区域协调组织，共同参与区域政策制定和实施；成立了非政府和政府组织的区域性联合机构，包括绿芯筹划指导委员会、兰斯塔德委员会、绿芯平台等。兰斯塔德区域协调机制是在区域内各城市空间联系的基础上实现的。政府通过国土规划合理划分功能区，通盘考虑产业空间布局，以形成区域间错位发展、功能互补的产业分工网络。兰斯塔德地区从整体空间出发，根据各区域资源环境承载能力、现有开发强度和未来发展潜力，划分出不同的功能区域。兰斯塔德地区的城市之间通过快速交通网络有机连接起来，围绕绿芯呈环状分散布局，从而形成了多中心分散化的城市网络和工业区、农业区、都市区、生态区等合理布局的功能区网络。

四、环渤海湾经济圈

环渤海地区包括京津冀、辽中南和山东半岛三大城市群，环渤海湾经济圈可直接带动河北、辽宁、山东的高质量发展，发挥环渤海地区港口、产业、科技等方面优势，加快环渤海湾经济圈开发建设，实现新旧动能转化和经济发展方式转变，对提升北方经济增长质量具有重大意义。这是海洋生态与临海经济平衡发展，三大城市群协同打造临海创新经济圈的实践探索，对泛秦巴地区生态保护与城市发展具有借鉴意义。

环渤海地区协同发展具有较好的先天条件，在产业项目、基础设施、生态环境等多个领域的合作已经取得了一定进展。第一，环渤海地区各省区市比较优势明显。北京的科技、文化及金融业，天津的先进制造业，河北的重化工业，山东的海洋经济，辽宁的装备制造，山西和内蒙古的能源工业等都在全国具有优势地位，这为区域合作提供了较好的基础。第二，环渤海地区呈现出显著的发展梯度差异，不同的发展梯度为区域合作提供了可能。发展梯度差异减少了区域内部的同质恶性竞争，有助于各地区形成与各自发展阶段相适应的发展模式和合作模式。第三，已有的协调机制为深化合作积累了经验。环渤海地区合作呈现出加快发展势头，合作领域不断扩大。从单纯的经济领域向基础设施、能源资源、民生保障、生态环境等多领域综合拓展，合作机制不断完善。相关省市之间签署了合作框架协议或备忘录，召开了多项研讨会、座谈会和联席会，形成了《北京倡议》《国际商协会京津冀区域合作廊坊共识》《天津倡议》等一系列协议文件。

在基础设施领域，京沪高铁、京广高铁、京藏高速、大秦铁路改造等项目建成通车；在能源资源领域，内蒙古至京津的石油天然气管道、山西至河北黄骅的运煤通道、内蒙古锡林郭勒盟至山东济宁的特高压输电线路等建成；在生态环境领域，北京与河北、山西、内蒙古等在风沙防控、雾霾治理、水资源利用等方面开展了多项合作；在劳动就业、社会管理、疾病防控、燕山-太行山集中连片特困地区扶贫开发等方面都进行了务实合作，形成了以"自下而上"、市场导向和问题导向为特征的合作协调机制。

五、长株潭城市群

长株潭城市群位于湖南省中东部，是湖南省经济发展的核心增长极，包括长沙、株洲、湘潭三个城市。三市在地理位置方面具有极高的紧密性，在社会、经济等方面也是湖南省的重要支撑。截至 2015 年底，长株潭城市群总面积为 2.8 万平方千米，人口 1408 万。在长株潭三市接合部，间隔有大面积的生态绿地，形成独具特色的城市群绿心①，总面积约为 523 平方千米。为切实保护好长株潭生态绿心，湖南省于 2011 年和 2013 年分别实施了《长株潭城市群生态绿心地区总体规划（2010—2030）》和《湖南省长株潭城市群生态绿心地区保护条例》，将绿心空间划分为禁止开发区、限制开发区和建设协调区。长株潭生态城市群建立了现代化生态型产业支撑体系，三个城市形成互补的产业格局，长沙商业、金融业、文化产业、机械制造、烟草、纺织印染、烟花鞭炮等产业突出；株洲有色冶金、机车车辆、化工等产业突出；湘潭钢铁、机械等产业突出。一主二副三互补的长株潭经济城市群已经形成。在生态结构上，长株潭共同拥有湘江和绿心，二者与其他山、水组合，构成了长株潭城市群发展成生态城市群的基础，促进生态城市群的形成。城市群绿心成为长株潭城市群产业重构、发展生态性服务业和休闲旅游业的重要载体。长株潭城市群在生态城市群建设与绿心保护的政策探索上对泛秦巴地区生态保护和城市发展具有借鉴意义。

六、长江三角洲城市群

长江三角洲地区是我国经济发展最活跃、开放程度最高、创新能力最强的区域之一，在国家现代化建设大局和全方位开放格局中具有举足轻重的战略地位，包括上海市、江苏省、浙江省、安徽省全域，面积 35.8 万平方千米。长江三角洲地区在区域协同方面取得的以下成效值得借鉴：第一，区域创新能力强。在电子信息、生物医药、高端装备、新能源、新材料等领域形成了一批国际竞争力较强的创新共同体和产业集群。第二，开放合作协同高效。长江三角洲地区拥有通江达海、承东启西、连南接北的区位优势，口岸资源优良，国际联系紧密，协同开放水平较高；统一市场体系联建共享，"一网通办""最多跑一次""不见面审批"等改革成为全国品牌；设立了长三角区域合作办公室，建立 G60 科创走廊等一批跨区域合作平台，使三级运作、统分结合的长三角区域合作机制有效运转。第三，区域交通与重大基础设施已基本实现互联互通。省际高速公路基本贯通，主要城市间高速铁路已有效连接，沿海、沿江联动协作的航运体系以及区域机场群体系

---

① 长株潭城市群的生态绿心强调城市群的绿色生态区的中心区位，因此使用"绿心"表达，本书中提到的"绿芯"与"绿心"不同，更强调生态区的绿色创新驱动力，因此使用"绿芯"表达，二者在表意上有所侧重和不同。

基本建立。区域电力、天然气主干网等能源基础设施以及防洪、供水等水利基础设施系统相对完善。第四，生态环境保护防治联动机制较为完善。新安江流域生态补偿经验，空气、水、土壤污染联防联治联动机制等已逐渐在全国范围内推广。第五，公共服务跨区域协作共享。依托名牌高校成立了四家跨区域联合职业教育集团，形成了覆盖长江三角洲区域 30 个城市 112 家三甲医院的城市医院协同发展联盟成员，养老服务协商协作机制初步建立，跨区域社会保障逐步便捷。第六，城镇乡村协调互动。大中小城市协同发展，城镇各具特色，城镇之间联系密切，同城化建设水平较高。

七、小结

阿尔卑斯山脉周边地区、五大湖城市群、兰斯塔德城市群、环渤海湾经济圈、长株潭城市群、长江三角洲城市群等都是依靠巨大的生态源衍生出人居聚落群的经典案例，可见，古今中外，人类规模性聚集区往往依赖具有一定规模体量的自然生态体（如河流、山脉、湖泊等）而形成，并依附其周边形成人与自然的共存共生区域。而在诸多人与自然共存共生区域中，存在这样的一些特殊区域，其所依附的自然生态体生态价值十分突出、生态体量巨大、生态地位十分重要，同时，所依附形成的人居聚落区规模体量巨大，巨大体量的人居聚落与自然生态体之间存在相对密切的交往联系，对其所依附的生态体的生态安全产生较大威胁，从而形成既依附又相互制约的关系，这类特殊区域作为高敏感、高价值生态–人居集聚共同体，其在发展中面临着突出的人地关系冲突和矛盾，需要从区域协同的角度构建合理的人地关系，谋求可持续的区域发展道路。

秦巴区域是典型的高敏感、高价值生态–人居集聚共同体，其所依附的秦巴山脉生态价值十分突出，是我国重要的生态屏障和生态安全要地，且秦巴山脉体量巨大，面积约 30 万平方千米，能够为周边成渝城市群、关中平原城市群、中原城市群、武汉都市圈等大体量城市人居聚落提供充足的水气等生态依存资源。同时，秦巴区域位于我国地理版图的中心，地跨长江、黄河、淮河三大流域，是淮河、汉江、丹江、洛河等河流的发源地，在保障国家生态和国土安全方面具有至关重要的作用。秦巴区域是自然、城市与人文之间互动、协同发展而成的有机组合聚落群体。山脉是区域范围内城市群发展的重要生态载体，具有维持区域生态稳定的作用；山脉周围城市群为其生态保护提供社会、经济与政策等方面的支撑。山脉与城市群之间形成了类似于生物之间相互依赖、彼此有利的共生平衡关系。

第四章

协同的必要性和可行性

实施区域协调发展战略是在中国特色社会主义进入新时代，以习近平同志为核心的党中央紧扣我国社会主要矛盾变化，按照高质量发展的要求提出的重要战略举措，对于促进我国经济社会持续健康发展具有重要而深远的意义。

第一节 协同的必要性

秦巴区域地处我国地理版图的中心，具有"承东启西，贯通南北"的区位优势，是西部大开发的重要区域，在国家创新发展和新型城镇化战略中具有重要作用，需要通过国家层面的顶层设计和战略引导，推动秦巴区域形成"城市群-中心城市-生态保护区-乡村"的一体化协同发展新格局。同时，秦巴山脉作为相对完整的山地生态系统，其动物栖息、水源保护、生物多样性等多种生态功能具有天然的生态系统整体性，而这一天然整体的生态系统又与其周边分布的环秦巴城市地区形成紧密联系的人地系统，因此要保护秦巴山脉的生态环境，首先需要通过区域协同的方式解决跨行政区管理带来的壁垒分割影响。因此，秦巴区域协同发展不仅是新时代国家战略的必然要求，也是秦巴山脉生态保护与城市群经济发展的内在需求。

（1）秦巴山脉以其庞大的体量和所处的国土中心位置，成为我国国土生态安全不可回避的重要核心屏障，其所涵养的洁净水源与多方面生态资源，是关系到东部广大发达地区生态安全的关键要素，更是周边五省一市众多城市的生态依存源地。秦巴山脉的洁净水源是我国南水北调中线工程的水源地，更是长江、黄河两大江河水系的最重要涵养与补充区域。嘉陵江、汉江、洛河、渭河、大夏河、三峡水库、丹江口水库、三门峡水库等，这些滋养孕育中东部广大地区生命之水的发源地或补水区均是秦巴山脉，秦巴山脉成为这些区域洁净水源的最重要供给区。秦巴山脉是地处我国青藏高原、黄土高原、云贵高原之间的巨大绿色屏障，具有世界意义的生物多样性和森林资源、碳汇能力等使其成为我国中东部人口稠密地区最直接的生态安全保障区，对于守护我国广大富饶国土具有最为直接的多方面生态意义。同时，秦巴山脉造就了周边特色鲜明的自然地理、生态环境、人文资源属性，是维护我国国土广大核心区域稳定良性持续发展的关键生态保障地区，更是周边五省一市众多城市乡村的生态之源。

因此，保护秦巴山脉的生态环境关系到国家整体生态格局安全，关系到我国广大中东部地区生态屏障的稳定，应该成为我国生态文明建设的重要内容。

（2）环秦巴城市地区是国土空间东西平衡发展的关键地区和"一带一路"的枢纽区域，各城市群之间只有通力合作协同，才能完成新时代赋予的历史使命。环秦巴城市地区的协同发展是平衡东西国土，实现"一带一路"枢纽升级的关键。改革开放促成了珠三角、长三角、京津冀等东部沿海城市区域的发展，但我国人口密集区的西部尚未形成具有国土平衡意义的城市集群，无法有效带动和引导广阔的中西部地区快速发展。环秦巴城市地区现有的成渝城市群、关中平原城市群、武汉都市圈、中原城市群四大城市地区，受多方面要素制约，单一城市群无论是经济总量、区位条件，还是科技创新、人才密度等都无法与东部沿海城市群比肩，无法有效形成强有力的增长集群。同时，在"一带一路"建设进程中，环秦巴城市地区的区位优势不断显现，各方面需求与条件日趋成熟。因此，新的形势与背景需要各城市群及中心城市有效协同，合理分工，强强联合，从而成长为承担西向开放前沿、平衡国土空间职能的簇轴式城市集群，这是环秦巴城市地区协同发展的重要目标，更是新时代赋予该区域的重要历史使命。

"成渝西"城市集群是拉结关中平原城市群与成渝城市群从而形成大西部增长极核的关键区域，能够将关中的区位优势与川渝地区的经济和人口优势有效结合，成为对接"一带一路"的强大核心与枢纽，也是环秦巴城市地区协同发展中城市群际合作的首要区域。首先，成渝城市群与关中平原城市群的产业关联度存在很大的协同潜力。例如，西安的科研能力较强，但受限于工业体量小，科研转化的力度依然较弱。重庆已形成较强的制造业产业链，涉及汽车、装备制造、军工制造、软件产业、石油化工、材料工业、电子信息、航天工业等，可以与西安形成多领域科技转化与产业合作。在"一带一路"国际合作的大环境下，城市与城市之间的合作日渐深入，以跨国公司为代表的企业运营行为映射到地理空间中就是各大城市的分工协作。随着高铁、高速网的建成，西安、成都、重庆的联系不可避免地越来越强，只有"成渝西"城市集群进行有效的协同合作，才有条件形成满足西部发展，进而向西部其他地区辐射，并有力支持"一带一路"建设的庞大产业链集群。其次，"成渝西"城市集群的形成将打开向西发展的新局面，关中平原城市群与成渝城市群并列为国家级城市群，二者协同发展的一大要义在于让西北和西南齐头并进，把整个西部发展起来。成渝城市群要带动整个大西南的发展，而关中平原城市群则要发挥对西北地区发展的核心引领作用。最后，"成渝西"城市集群所涵盖的区域恰好位于胡焕庸线附近，是我国人口疏密分隔的临界线，是首先需要也是最具条件担当平衡国土空间职能的区域。充分加强关中平原城市群和成渝城市群的深度协同，能够释放两大国家级城市群的整体能量，形成合力增长极，对我国区域平衡、转型发展、扩大内需等有着至关重要的意义。

（3）秦巴区域生态保护与创新发展示范区的建设只有上升到国家战略，以国家意志践行生态文明思想，形成统一的区域协同机制，才能全方位有效保护秦巴山脉，实现我国区域经济社会的转型平衡发展。基于秦巴山脉的生态价值和周边城市地区的区域经济价值，可以说秦巴区域是践行"两山"理论，推进生态文明建设的最佳示范地之一，也是能够与阿尔卑斯山、五大湖区等地比肩，形成人类与自然和谐相处的富有中国发展特色的代表性地区。作为一种新型的以巨大生态区域保护为主导，以绿色循环人居环境为特色的区域发展新范式，只有国家层面的推进才能有效实现目标。同时，所需要的区域协同机制，尽管其难度小于阿尔卑斯山地区，并且各省市均有相应的生态保护、产业发展、人口迁移等措施，但也只有通过国家层面的推进协调，才能真正形成统一的优势作用，才能得到全方位贯彻实施。

首先，秦巴山脉生态保护地体系的建立、生态预警系统的完善、生态补偿机制的形成等重要工作都离不开国家层面的协调统一。同时，人口疏解、扶贫搬迁等政策的实施也是生态保护工作重要的环节。从秦巴山脉及其周边的人口分布来看，还有相当大比例的人口生活在临近秦巴山脉生态核心区，这些地区由于生态保护的要求，产业发展潜力受到限制，未来人口迁移依然是一个连续的过程。总之，建立更加具有针对性的生态保护法规体系，引导山区人口逐步合理有序地向周边城镇地区疏解，需要有更加完善有效统一的政策支持。

其次，建构秦巴山脉绿色循环产业发展战略，引导分工协作，避免恶性竞争，加大污染企业治理等措施的落实都需要国家层面的统一领导与监控。从产业布局现状来看，产业结构相似度较高，尚未形成合理的产业分工。根据分部门的就业数据，以环秦巴城市地区整体结构为参照水平，比较各城市的产业结构相似系数，可看到地区内产业结构过度趋同，意味着地区之间同质化竞争将加剧，不仅不利于地区产业发展水平的提高，也会由于过度的竞争损害区域内资源利用的整体效率和整体经济水平的提升。

最后，秦巴城市地区军工资源密集，具有特色创新发展的优势。秦巴山脉及周边城市地区分布有一大批航空、航天、核工业、电子工业、机械工业等军工企业和军工院所，是我国军工物资生产和军事科研的重要分布区，在航空、机械制造、新材料等高新技术产业领域都具有突出的军工创新领先优势，这正是泛秦巴山脉探索特色创新发展的巨大潜力。由于军工企业的特殊性，进一步强化国家层面对军民融合战略的政策协同，充分释放其发展潜力，推进一系列具体措施的研究实施，对于秦巴山脉以及新时期我国的转型创新发展都具有重要的实践探索意义。

（4）成渝-关中城市群协同发展具有突出的战略价值。2020年5月17日，《中共中央 国务院关于新时代推进西部大开发形成新格局的指导意见》发布，明确提出"促进成渝、关中平原城市群协同发展，打造引领西部地区开放开发的核心引擎"，表明成渝-关中城市群协同发展已经提上议程。将成渝-关中城市群的协同发展提升到国家战略的层次，具有突出的必要性和紧迫性，是环秦巴城市地区协同发展的当前抓手。通过成渝-关中城市群的协同发展，形成西部大开发的核心增长极，并通过兰西城市群、昆明-贵阳地区，辐射带动整体西部，成为我国双循环和西向开放的关键地区。40多年前珠三角作为改革开放的起始，进而与长三角、京津冀共同构成了整个东部沿海经济带的骨架；"成渝西"城市地区则是中西部协同发展愿景的重要起始，并与郑武城市集群、兰西城市群共同支撑环秦巴城市经济圈的最终形成。成渝-关中城市群协同发展具有多方面的重要意义和紧迫性，可以从以下方面归纳。

①国土平衡。成渝城市群和关中平原城市群位于胡焕庸线东侧，或者说处于我国人口密集地区的西部。40多年来的改革开放促成了东部沿海地区的发展，但国土空间东西不平衡问题日趋凸显，特别是西部地区尚未形成具有平衡意义的城市集群，对带动和管控广阔西部地区发展的作用有限。在新的国际形势背景下，国家发展的经济引擎地区完全集中于东部沿海，缺乏战略纵深支撑的问题已经显现。如果参照美国由东部沿海向中部发展形成芝加哥城市群，进而扩展到西部沿海的梯级历程经验，考虑到我国西部边陲高原地区人口与城市化客观自然条件，在陆地版图中部的成渝-关中城市群形成重要发展引擎就更显得关键和重要。②国防安全。秦巴山脉及周边城市地区国防安全属性突出，大秦岭地区自古是军事要地，也曾是我国"三线建设"重地，集中了一大批航空、航天、电子、机械等制造企业和科研院所，西安、成都、重庆等核心城市以及汉中、宝鸡、商洛、绵阳、德阳、十堰等一批地级市仍然是我国高新技术与装备制造生产的重要区域，集聚有产业、人才、科研、配套等资源优势。在长远发展背景下，充分释放秦巴地理区位安全优势和创新发展潜力，在我国内陆地区形成重要产业经济与国防设施生产供给基地，构建强大的国防安全综合战略支撑能力，已经成为日趋紧迫的重要议题。③西部安全。中西部地区经济增长极核的缺位或不足已不适应我国经济安全发展的需求，西部地区发展不充分不仅关乎整个西部社会安全，也不能适应国家双循环发展格局和"一带一路"西向开放的需要。在胡焕庸线方向的中部地域，也就是秦巴山脉区域特别是具有明显区位优势的成渝-关中城市群地区形成新的核心引擎，对于带动广大西部地区的发展，带动兰西城市群、联动昆明-贵阳等西南地区、辐射呼包鄂城市群等地区的区域协同等，具有积极战略价值，具有关乎

全局的重要意义和紧迫性，对于我国社会经济安全特别是西部安全极为重要。此外，通过城市群地区的强发展，可以吸引山区人口的就业迁移，稳固扶贫成果与社会安全，为山脉腹地的生态大保护提供基本前提，为构建具有中国大秦岭特色的山脉–城市共同体发展模式提供现实路径。④地缘格局。在"一带一路"双向开放和新的国际形势背景下，我国广阔西部地区的陆权腹地与战略纵深价值愈发显现。考察我国自古以来地缘政治格局变迁与当今国内外诸多要素关系，向西谋势是我国实现大国崛起的必然之路，是以新空间制衡潜在风险的必然局面。西部的稳固开发、未来新能源等战略性产业发展所形成的国土量能和势能，对于发挥我国广阔西部的地缘优势，整体提升国土疆域安全态势，强化中华民族文化融合共同体意识，塑造多民族融合时代精神，助推中华民族伟大复兴具有重大意义。⑤优势联合。近年来成渝城市群快速发展，其经济总量已成为西部最为突出的亮点。关中平原城市群具有突出的区位特征，长安自古帝王都，具有管控西部的地缘优势，目前核心城市西安的追赶超越也造就了近年来的多方面发展优势，成为辐射西北，推进丝绸之路经济带建设的重要节点区域。因此，通过成渝城市群与关中平原城市群的协同发展，将成渝经济优势与关中区位优势等结合起来，能够形成总体体量足够，各自优势凸显，辐射整体西部的增长极核。

因此，秦巴区域需要从国家层面建立更有效的协同机制，进行全方位的生态保护与修复，引导人口、产业、军工创新资源等要素更合理地流动，形成更可持续的国土空间布局。这是从更长远的角度解决泛秦巴地区生态、发展等多重问题的关键。

第二节　协同的可行性

在当前条件下，环秦巴城市地区协同发展受空间距离制约还很明显。可以将环秦巴城市经济圈战略构想的尺度与整个东部沿海经济带尺度相对应，如同沿海经济带是从珠三角、长三角、京津冀等逐步展开一样，环秦巴城市经济圈则应从成渝–关中城市群、郑州、武汉等城市地区协同发展逐步展开，将这些城市群的协同发展提升到国家战略层面，从而加快形成双向开放、双循环格局的关键区域性发展支撑。同时，以秦巴山脉为生态绿芯的中西部城市经济圈不是一个规模巨大的城市连绵带，而是由成渝、关中、武汉、中原、兰州五个城市地区构成的圈形城市经济带，其城市地区之间是广阔的特色山地生态区和特色农业用地。这一环山城市形态可以被理解为一条首尾相连、虚实相间的线状城市地区，环内穿越大秦岭山区的若干已有和在建的国家级快速通道，使得这一环状经济带上各主要城市的空间距离，相比于东部沿海一线经济带各主要城市间的距离大大缩短，从而具备了自身优势。在网络科技影响的时代背景下，环秦巴城市地区的协同发展具备了更多发展前景。

（1）西安、成都、重庆等环秦巴城市地区中心城市之间要素流动愈加频繁广泛，涉及人流、物流、数据流等各个方面。市场自发行为显示，协同发展的条件不断累积。首先，六大中心城市联系度迅速增长。本书选取 2014 年、2017 年和 2019 年三个时间节点的企业联系度数据，通过"一带一路"与长江经济带的提出、西成高铁开通等事件前后数据对比，能够得到如下结论。①2014~2019 年六大城市相互来往的密集程度均迅速提升，其中成都在交流网中优势突出，与其他五市的联系强度最高。②郑州—西安—兰州一线联系度增长最快，尤其是兰州与郑州、武汉、重庆较迅速，从无到有建立了联系，反映出"一带一路"建设的驱动力对城市互联互通的影响较大。2014~2019 年六大中心城市联系度的比较见图 4-1。

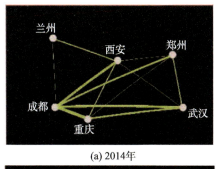

(a) 2014年

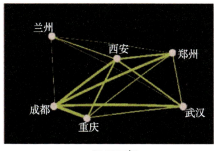

(b) 2017年

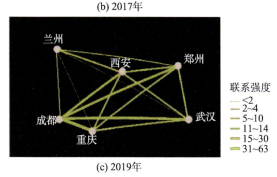

(c) 2019年

图 4-1　2014~2019 年六大中心城市联系度比较图

其次，六大城市为节点形成关联趋势。本书以各城市自身为研究对象，观察2014年、2017年和2019年对外联系信息数据，可以看出六大城市信息交流密度均呈现三个层级：第一层级是与北京、上海、广州的信息交互，体现出政治中心、经济中心对各个城市的中枢控制力；第二层级是六大城市之间的信息交互增长迅速，从数据中可以看出成都、重庆、西安和武汉四者之间基本处于二级联系强度梯队，发育程度较好，显示出城市间联系度增强效应明显；第三层级则是六大城市联系总体相对较弱的地区，如兰州地区。

由此，可以看出以六大城市为基础的第二级信息交互梯队为环秦巴城市地区的协同发展打下了自下而上的市场基础，特别是"成渝西"城市间联系强度明显增加。表4-1为六大城市对外联系强度分级，表4-2为六大城市相互之间联系强度分级关系。

表 4-1　环秦巴城市地区六大城市对外联系强度分级

城市	一级联系强度梯队	二级联系强度梯队	三级联系强度梯队
成都	北京、上海、深圳、重庆	西安、昆明、（宜宾）、广州、天津	杭州、武汉、郑州、兰州、乌鲁木齐、拉萨、贵阳、长沙、（眉山）、（绵阳）等
西安	北京、上海、成都、重庆、深圳	南京、武汉、郑州、（榆林）、（宝鸡）、乌鲁木齐等	广州、兰州、杭州、渭南、沈阳等
武汉	北京、上海、深圳、南京、（宜昌）、（鄂州）	香港、成都、重庆、西安、广州、杭州、天津、荆州、（襄阳）、（黄冈）、（荆门）等	郑州、兰州、苏州、长沙等
郑州	北京、上海、深圳	成都、洛阳、广州、香港、开封、许昌、鹤壁、信阳、新乡	西安、武汉、重庆、兰州、杭州、南京、苏州、沈阳、长沙等
重庆	北京、上海、成都、深圳	广州、香港、南京、天津、宁波、贵阳等	西安、武汉、郑州、兰州、苏州等
兰州	上海、（张掖）、（天水）、（酒泉）	北京、深圳、西安、南京、西宁、（金昌）、（武威）、（定西）等	广州、成都、郑州、武汉、重庆、杭州、苏州、乌鲁木齐等

注：括号内部的城市为研究城市所在省域内的城市

表 4-2　六大城市相互之间联系强度分级

城市	成都	西安	武汉	郑州	重庆	兰州
成都		二	三	三	一	三
西安	一		二	二	一	三
武汉	二	二		三	二	三
郑州	二	三	三		三	三
重庆	一	三	三	三		三
兰州	三	二	三	三	三	

（2）人口格局重塑，东部发达城市群人口吸引力依然较强，中西部核心城市强势崛起，全国人口迁移呈现新格局。从 2010 年以后全国人口流动趋势来看，东部三大区域仍是人口主要流向地，而中西部人口增长以重庆、郑州、武汉、成都、西安、长沙等省会城市为主，全国整体形成"东部三大区域+中西部六大城市"的人口增长格局。可以发现，这六大城市中，除了长沙，其他城市均处于秦巴区域当中，是环秦巴城市地区的核心增长极，随着产业向中西部逐步转移，环秦巴城市地区的就业岗位和收入水平进一步提升，将有力地强化秦巴区域的整体竞争力，也为环秦巴城市地区发展与协同提供了更好的人口与人才聚集基础。

（3）西成高铁为"成渝西"的紧密协作关系打开了新局面。数据显示，西成高铁开通仅一年，西安和成都两地间的铁路用户呈现猛增态势。西安到成都的火车票购买人次增加了 323%，成都到西安的火车票购买人次增加了 305%，成都人在西安的消费提升了 286%，西安人在成都的消费提升了 225%。这些数字仅仅体现了人流往来的增长，随着未来西渝高铁的开通，人流往来将进一步深入，西安、成都、重庆的货流、信息流等交互将更加庞大，"成渝西"城市集群作为环秦巴城市地区协同发展的核心板块，可以探索开启智慧网络城市群形成的第一步。

（4）环秦巴城市地区在以科技研发为创新平台的方向上具有突出的潜在优势，有条件成为支撑国家创新发展的新战略性经济区。秦巴地区曾是我国"三线建设"时期的战略大后方，聚集了一大批国家重要装备制造企业，目前该地区仍是我国装备生产和科技研发的重要区域。2015 年，西安、武汉、四川被确定为全面创新改革试验区。无论是从人才、产业、科研设施等基础条件，还是政策优势方面，该区域板块在科技研发协同创新领域都具有无可替代的优势。因此，该区域可依托国家创新战略的功能平台，积极推动科技创新、产业发展、人才培养、装备研发等领域深度融合，合力将环秦巴城市地区打造成为以科技创新为特色的支撑国家绿色发展的新战略性经济区，为整个区域和国家的创新发展承担更重要的职责。

（5）更大尺度层面、非连续空间场域内的智慧网络城市群构建在当前信息网络、高铁等快速发展的背景下成为可能。传统的城市群往往在空间上相对集中连片，依托发达的交通通信等基础设施网络形成空间组织紧凑、经济联系紧密，并最终实现高度同城化和高度一体化的城市群体。城市群往往是在地域上集中分布的若干特大城市和大城市聚集而成的庞大的、多核心、多层次城市集团，是大都市区的联合体。在信息化时代高新技术发展环境下，传统的城市群正在向智慧网络城市群转变。

智慧网络城市群就是在信息化、网络化、全球化背景下，在一个或两个城市群范围内，以智慧信息网络联系、新兴经济等为突出特征，以轨道交通等快速交通网络为支持，打破传统圈层式、等级化空间发展格局，把城市间联系由中心—外围为主的联系向节点城市间多向信息化网络联系转变，从而形成地域空间范围适度放大、功能互补、相互协作的新的城市群空间发展形态。智慧网络城市群的形成需要具备两个基本要素。第一，智慧网络城市群以传统城市群为基础，节点城市通过发达的智慧网络化设施相互联系，完成大量日常交互工作。信息交换、信息经济、金融汇兑等虚拟网络经济成为重要特征，并实现各类要素之间的无障碍流动；同时，智慧网络城市群需要发达的轨道交通等快速交通网络支持，在保障协同交互所需要的物流、人流等物质流动所具备的必要条件的同时，使空间范围较之传统城市群有效放大，并控制在一定交通时间之内，从而使信息网络获得的交互距离红利在物质实体交通中尽量增强。由于智慧网络的互动联系可以替代许多传统交互所需要的实际交通联系，因此城市群的快速交通有效放大了城市群的范围，其交通网络自身的构成方式、运输类型、运量数据变化等都与传统城市群有很大不同，加之有些节点之间的实际交通联系可能大大降低，自然地理条件的束缚也随之降低。第二，智慧网络城市群的另一个关键要素是城市之间功能配置、产业合作、市场流通、生态共治、文化交流、人员往来、物资流动等多方面的发展协同与合理竞争关系，这种复杂关系的往来与密切关联是智慧网络城市群形成的基础条件，从而推进各节点城市功能衔接与互补，产业链上下游关联，产业集群的联合、资金交互、人才流动与技术共享等要素的协同合作。

智慧网络城市群是在当前城市信息网络快速发展的基础上，呈现出更高等级的智慧化城市形态，而且是发生在更大空间范围（常常发生在两个城市群之间）内，以快速交通为支撑、以城市间协同合作为主旨的城市群。通过产业合作、人文交流、物流交换等多领域的信息网络联系，建立城市群更为密切的、全方位的信息交互体系。

通过前文的分析可知，环秦巴城市地区的协同发展具有多方面国家层面的战略意义，即城市间协同发展的必要性突出。然而，以成渝-关中城市群协同发展为例，由于两个城市群之间的距离比一般传统城市群的空间距离要大，加之秦巴山脉生态保护的严格要求，不可能出现传统城市集群的发展状态。因此，智慧网络城市群应该是必然的选择。在新时代背景下，这种选择的可行性也逐渐清晰。第一，区域内高铁网的建设使各大城市物质空间联系的时间有效压缩，三四小时可达距离延伸至 800 千米以内；第二，高速便捷的网络连接系统使信息交流不再受限于山地空间阻隔，城市之间的各要素的流动信息通过网络平台有效整合，许多实际交通被信息网络替代；第三，秦巴山脉的生态保护与绿色发展倒逼区域内各城市形成稳定的生态共治、功能合作和产业关联，这种协同又只能通过智慧网络系统实现才是最佳效果。因此，建设和发展智慧网络城市群成为秦巴区域势在必行的路径，"成渝西"地区的协同发展应该成为这一路径的先行者。只有这样，才能构建跨越较大尺度的绿色区域，形成生态保护主导、网络连接高效、簇轴空间串联、协同方式独特的新型城市集群发展模式。

结论：总体而言，环秦巴城市地区协同发展具有突出的必要性和逐渐明确的可行性，不仅是现在大秦岭地区生态保护的关键支撑和必要条件，也是未来我国总体国土空间格局中可以预期的战略愿景。秦巴区域生态保护与创新发展示范区的建立，一方面可以吸引秦巴山脉生态敏感地区的人口、产业向周边城市地区转移集聚，有利于从根本上解决秦巴山脉的生态保护与扶贫成果稳固等问题，使秦巴山脉真正承担生态屏障的功能；另一方面可以更好地平衡国土空间发展，发挥"一带一路"枢纽作用，形成带动中西部崛起，辐射整体西部国土的新增长集群。

这一环山城市经济圈的尺度可以与我国整个东部沿海经济带相对应，可以被理解为一条首尾相连、虚实相间的线状城市地区（或若干城市簇团构成的串珠带状地区）形成的环状形态，环内穿越大秦岭山区的若干已有和在建的国家级快速通道，使得这一环状经济带上各主要城市的空间距离，相比于东部沿海的线状展开经济带各主要城市间的距离大大缩短，从而具备了自身优势；与五大湖城市群以巨大水域为核心相比较，秦巴区域构成了以巨大山脉为依托的自然保护与高质量发展区域。

当然，在当前条件下，环秦巴城市地区协同发展受空间距离制约还很明显，可以看作战略构想。如同我国东部沿海经济带是从珠三角、长三角、京津冀等逐步展开一样，环秦巴城市经济圈则应从成渝-关中城市群、郑州、武汉等城市地区自身的协同发展逐步展开，并从国家战略高度对这一层面的协同发展进行统领引导，从而加快形成双向开放、双循环格局的关键城市集群发展支撑。因此，环秦巴城市经济圈虽然只是构想，但却是成渝-关中城市群等地区协同发展的依托和未来更高层次发展愿景。需要说明的是，以秦巴山脉为生态绿芯的中西部城市经济圈绝不是一个规模巨大的城市连绵带，而是由成渝城市群、关中平原城市群、武汉都市圈、中原城市群以及兰州构成的圈形城市经济带，其城市地区之间是广阔的特色山地生态区和特色农业用地。

第五章

指导思想与发展目标

一、指导思想

以创新、协调、绿色、开放、共享为发展理念，立足于国家区域协调发展战略的目标和总体要求，遵循新技术革命背景下资源要素空间流动布局的新趋势，以提高优势资源空间上的规模集聚效率和增强地区间一体化协同发展为总体导向，以地区功能分工和基础设施一体化为依托，以规划协同、产业协同、创新协同为着力点，以成渝城市群、关中平原城市群、中原城市群、武汉都市圈四大城市地区为核心，圈层带动相关区域板块的联动发展，加快秦巴山脉生态保护与周边城市地区更高质量的跨越发展。

二、基本原则

（1）坚持绿色共保。践行"绿水青山就是金山银山"的理念，贯彻山水林田湖草是生命共同体的思想，围绕区域共同的绿芯——秦巴山脉，推进生态环境共保联治，创新开展生态资产价值化实现，形成绿色低碳的生产生活方式，共同打造绿色发展底色，探索经济发展和生态环境保护相辅相成、相得益彰的新路子。

（2）坚持创新共建。推动科技创新与产业发展深度融合，促进人才流动和科研资源共享，整合区域创新资源，联合开展关键核心技术攻关，打造区域创新共同体，共同完善技术创新链，形成区域联动、分工协作、协同推进的技术创新体系。

（3）坚持协同共进。着眼于"一盘棋"整体谋划，进一步发挥重庆、成都、西安、武汉、郑州五大核心城市的龙头带动作用，在既有区域产业分工基础上扬长避短、有序分工，推动城乡区域融合发展和跨界区域合作，提升区域整体竞争力，形成分工合理、优势互补、各具特色的协调发展格局。

（4）坚持开放共赢。打造高水平开放平台，对接国际通行的投资贸易规则，放大改革创新叠加效应，培育国际合作和竞争新优势，营造市场统一开放、规则标准互认、要素自由流动的发展环境，构建互惠互利、求同存异、合作共赢的开放发展新体制。

（5）坚持民生共享。增加优质公共服务供给，扩大配置范围，不断保障和改善民生，使改革发展成果更加普惠便利，让环秦巴地区居民在一体化发展中有更多获得感、幸福感、安全感，促进人的全面发展和人民共同富裕。

三、目标定位

根据秦巴区域的特殊区位、战略价值和发展基础等，综合考虑环秦巴城市地区的发展与秦巴山脉腹地之间关系密切，二者共同构成的秦巴区域是未来我国国土格局、生态格局、安全格局中的中央支点。因此本书从两个层面提出秦巴区域协同的发展目标。

（一）发展目标

综合考虑秦巴山脉核心腹地突出的生态价值以及周边环秦巴城市地区的区位战略价值，研究将秦巴区域的发展目标确定为：国家生态保护与特色创新绿色发展示范区。

该发展目标包含两个层面内涵，首先，秦巴山脉的生态保护是一切发展的前提和一切措施的首要原则；其次，环秦巴城市地区要以特色创新和绿色发展作为重要途径，通过这些城市地区的强发展促进秦巴山脉的大保护，从而构建主动的、自下而上的、可持续的整体发展方式。

（二）发展定位

环秦巴山脉城市地区是集聚了不同发展水平、不同人口规模、不同资源条件、非常复杂庞大的综合经济体。该区域既有制造业相对发达的地区，也有生态资源优势显著的地区；既汇聚着大量科技创新资源，也具有广阔的创新发展空间。这些优势都将成为支撑整个区域板块更好更快发展的有利条件。基于此，本书建议环秦巴山城市地区在国家区域发展中的战略功能定位可包括以下方面。

1. 支撑国家高质量发展的新战略性经济区

综合考虑环秦巴山特殊的区位优势，以及生态资源、文化资源、产业基础、人口等多方面因素和条件，有必要提升环秦巴山城市地区在国家区域发展中的战略定位。通过国家区域战略布局的引导和更具有地区针对性的政策扶持，改善区域发展生态，充分挖掘该区域已有的创新资源和产业资源优势，在支撑未来中国经济高质量发展中发挥更重要的作用。环秦巴山脉地区具有重要的科研人才、机构设施、产业制造等基础条件，同时具有政策和区位优势，应依托国家创新战略功能平台，积极推动在科技创新、产业发展、人才培养、装备研发等领域的深度融合发展，将本地区打造成为国家科技研发与特色创新重要源发地，为整个区域和国家的创新发展承担更重要的职能，在维护国家生态、经济与国防等总体安全方面发挥更重要的战略支撑作用。

2. 绿色城镇化的引领示范区

环秦巴山地区受其特殊的生态价值影响，其城镇化进程具有突出的绿色城镇化特性，具有探索绿色城镇化示范路径的潜在可能。尽管目前国家有多个区域发展战略涉及环秦巴城市地区，但受自然、历史和行政等因素的制约，有必要建立有效的协同机制，统筹和提升相关国家战略的相互关系和相互促进，从而形成更加整合统一的合力。因此，以相关国家战略围绕的秦巴山脉为生态核心，与山脉南北长江、黄河两条生态与发展动脉相连接，以环秦巴城市地区绿色协同为发展愿景，以将秦巴区域整体建设成为国家生态保护与特色创新绿色发展示范区为目标，在更高层面整合构建有效的协同发展平台和机制，将该区域作为"两山"理论思想的最佳示范地，实现生态保护与绿色创新的高质量共赢，对我国双循环格局与"一带一路"建设具有重要意义。

同时，环秦巴城市地区的强发展既能够带动山脉地区的大保护，又可以促使秦巴山脉周边城市群地区承担相关国家战略的重要职能。尽管空间距离等因素使整体环秦巴城市地区的协同发展这一构想的呈现尚需时日，但是将成渝-关中城市群的协同发展、武汉与郑州的协同崛起等加以强化，形成局部突破，已经需要重点关注。特别是将成渝-关中城市群协同发展打造新的核心引擎提升到国家战略的层面，形成中西部发展增长极核，已经十分必要并具有较成熟的条件。

综上，确定秦巴山脉区域的总体定位为：秦巴生态安全支撑区、西向开放枢纽引擎区、国土平衡创新发展区、国家总体安全保障区。

秦巴生态安全支撑区即通过周边城市地区的绿色强发展，带动秦巴山脉腹地的生态大保护的整体观念；西向开放枢纽引擎区关联"一带一路"建设的节点枢纽，打造西部大开发核心增长极；国土平衡创新发展区是国土平衡发展关键区域的属性，也是对现有科研创新资源优势潜能的激发；国家总体安全保障区不仅有力支撑秦巴山脉的生态安全，也对我国国防安全、经济安全、西部安全等具有紧迫而重要的意义。

四、协同战略

区域协同发展是基于一种新的发展理念而形成的区域发展方式。协同是对传统区域协调发展路径的一种优化，需要对资源要素配置的方式、区域治理的组织方式、区域发展的思路进行全面调整。对于环秦巴山城市地区的协同发展而言，协同的方向是为了更好地实现其所承担的建设美丽中国的生态功能、支撑中国区域经济的新增长极的经济功能和为本地居民创造更美好生活的社会功能。但需要强调的是，环秦巴山城市地区协同发展并不是构建一个经济组合体，而是要在国家区域发展总体布局中，推动环秦巴山城市地区在更大空间范围内更高效、更科学地优化各类资源要素的布局，实现更有效率、更加公平、更可持续的高质量发展目标。

综合考虑秦巴区域的区位特征、战略价值，秦巴区域保护与发展的共赢是涉及国家生态安全根基、保障国家社会稳定基础和平衡国土空间格局的重要因素。因此，应将秦巴区域的总体协同发展目标确定为国家生态保护与特色创新绿色发展示范区。同时考虑到当前秦巴区域涉及五省一市，区域协同受既有行政壁垒制约明显，需要高于行政层面的国家意志的统筹协调，才能切实实现区域协同。因此，积极建设秦巴区域生态保护与创新发展示范区，在更高层面构建有效的协同发展机制，是实现区域生态保护与绿色发展的高质量共赢保障。

五、推动策略

（一）推进形成"五化"机制

实现环秦巴山城市地区协同发展，其基本路径在于实现"五化"以及政策、规划和创新等三个核心领域的协同。"五化"主要包括以下内容。

一是政策协调机制化。加强国家层面的统筹设计，加快制定环秦巴山城市地区协同发展的战略规划，构建一体化的分工合作协调机制，形成区域内经济、社会、生态环保等领域政策沟通和发展决策的常态化协调机制。建立四大城市地区之间以及城市群与其他地区之间的一体化治理机制，充分发挥政府、企业、非政府组织和城乡居民在推动区域发展中的作用。

二是要素配置市场化。环秦巴山城市地区涉及五省一市 34 个地级市，还包括一些民族自治地区，区域内部自然条件、产业基础、人口结构、发展水平等方面的差异非常大。因此，实现协同发展必须突破行政区划的壁垒，营造规范有序、一体化的市场环境，推动资金、技术、人才、信息等要素在不同地级市之间、城乡之间的自由流动和优化配置，降低要素流通成本，让市场在区域资源配置中能更好地发挥作用。

三是基础设施现代化。加快环秦巴山城市地区基础设施的一体化发展，按照统筹规划、合理布局、适度超前、安全可靠的原则，在协同发展中完善现代综合交通运输、清洁可靠的能源保障、人水和谐的水利工程、便捷高效的信息网络等基础设施体系，推进区域交通、能源、水利和信息基础设施现代化。

四是基本公共服务均等化。以实现环秦巴山城市地区基本公共服务均等化为总体目标，深化财税、医疗、养老等相关领域的改革，逐步缩小区域内不同地区、城乡、群体之间基本公共服务的差距，实现教育、医疗卫生、保障性住房等公共服务资源的合理布局和均衡配置。

五是生态环境保护一体化。以区域生态的联防联控为突破口，建立环秦巴山城市地区生态环境保护和污染治理的一体化协作机制，逐步实现环保规划编制、环境质量监测以及环保执法等的一体化。在大气污染治理、水资源保护、水环境治理、生态防护林建设、清洁能源使用等方面形成区域合作的新模式，构建推动绿色发展的体制机制环境。

（二）全面开展"三协同"

"三协同"主要是指环秦巴山城市地区协同发展的重点领域，内容如下。

一是政策协同。这是实现协同发展的基本条件。每个地区都是相对独立的利益主体，都有不同的发展诉求。但每个地区的发展又不是孤立的，针对本地区的发展政策也会影响到其他地区的发展，反之亦然。因此，在推动区域协同发展的过程中，必须基于协同发展的一致性目标，加强地区之间的政策协同，包括各地区主导产业的发展政策、税收优惠政策、土地政策、环保政策、人才政策等。

二是规划协同。这是实现区域协同发展的基本保障。是否协同发展的一个基本判断标准就是各地区发展规划是否遵循共同目标的一体化规划。这是引导各地区的发展能够遵循协同发展总体目标的约束性机制。在推动环秦巴山城市地区协同发展的过程中，要按照不同地区的功能定位和潜在优势，加强不同地区在经济社会发展规划、土地利用、公共服务设施等规划的协同，促进各类资源要素能够在整个区域空间范围内实现更优化的配置。

三是创新协同。这是实现环秦巴山城市地区协同发展多重战略目标的关键，也是破解整个区域环境治理难题和发展困境的核心突破口。按照知识生产空间（主要指大学、研究机构聚集的地区）、创新应用空间（大企业、技术开发型企业聚集的地区）和创新转化应用的空间（研究机构、企业、资本、政府等多种主体参与推动创新应用转化的地区）三类创新空间，优化整个区域内各类创新资源的布局，加强各地区在创新链中的分工，以及国家和区域层面的统筹设计，促进创新资源向条件更优越更具有优势的地区聚集，实现创新资源利用效率的最大化；加强区域内部不同地区之间的联系和创新成果的分享，促进区域创新能够惠及每一个地区的发展。

第六章

理论思考与区域协同重点

秦巴区域不仅包括具有高价值高敏感的巨大山脉自然系统，同时包括外围高强度聚集的城市地区。针对这一复杂巨系统，需要以复杂性科学为引导，在相关理论研究和实践基础上，以巨大山脉为核心，对外围环绕若干高密度城市群的山脉-城市复合区域进行理论探索，才能够从整体高度理清思路，寻找适宜秦巴山脉区域生态保护与绿色发展的理论路径。本书提出"山脉-城市共同体"概念，通过对秦巴山脉与周边区域重要关系的解析，建立山脉-城市共同体的运行机制，并通过"绿芯模式"进行空间实现。

第一节 山脉-城市共同体

一、总体思路

秦巴区域作为一个开放复杂巨系统，包括山脉、河流等自然体系，还包括城乡聚落等社会人文体系，其内部子系统间的多样性、相关性等必然与其整体性关联紧密。为实现秦巴区域生态保护与绿色发展的总体目标，本书在借鉴相关理论成果基础上，秉持复杂性科学整体融贯与系统分析相结合的思想，通过整体与局部的综合与分析集成方法，将秦巴山脉腹地与周边城市地区作为整体统一研究。首先从宏观层面探索山脉型高敏感、高价值生态-城市集中区域的和谐共生理论模式与实践路径，通过外围城市地区的强发展，分级逐渐吸纳山区转移人口，并通过科技输入推进产业转型等系列措施，实现山脉腹地的大保护。同时，在秦巴山脉生态优先的同时，实现周边城市群地区重要国家战略职能价值，充分发挥这些地区在国家双循环格局、总体安全等领域的关键作用，进而从中观和微观方面分析研究生态保护、城乡发展、区域协同等子系统相关要素和关联机制，落实和反馈总体思想，制定实现路径，探索具有中国特色的山脉-城市聚集区绿色发展方案。

通过复杂性科学研究方法的引导与构建探讨，对生态保护、国家战略职能、社会经济、文化建设、技术创新等多领域系统在不同空间层级上的定位、功能、关联、渗透等进行整体性研究，同时进行局部系统的技术性解析和整体关联性反馈，并对整体系统中的核心构建、关联性涌现与激发现象进行重点深入的研究，从而实现整体研究的全面深化与应用性结论的清晰与简洁。在深度认知秦巴区域核心战略价值和内在机制基础上，由本书课题综合组重点进行整体性宏观综合研究以及整体性关联研究，各项目组进行子系统研究，进行必要的量化研究与反馈，最后再由综合组进行融贯综合，得出简明的研究结论，如整体性战略。

正是在这一研究方法引导下，本书提出适应秦巴区域的山脉-城市共同体理论构想，并对这一构想在宏观空间结构等各层级各种类要素方面进行支撑应用。结合流域治理、绿色循环、分形贯通、减量规划、绿色营建等技术路径，建立自然保护地体系和人居绿色等级分类管控机制，引导产业转型与升级，构建乡村收缩与城镇集约策略，并进行相关规划与工程技术实践。

二、核心概念

"地球三姐妹"、五大湖区等的共同特征是具有高价值生态资源，同时具有人类聚居地发展的良好区位，因而显示出高价值生态区与城市聚集区共生的突出特征。通过对人类聚居演化历程的过去、现在、未来趋势的考察，探讨高价值生态-城市集中区的整体关联机制，这是研究的重要内容。

在海洋时代到来之前，古代重要文明成就主要生成于大陆内河流之滨或山脉之下，与人类进化环境密切相关。早期人类文明的产生更加依赖于自然环境，具备适宜生态功能和生态区位并具有规模性的河流与山脉的自然区域，更易成为人类生存聚居的选择，并逐渐成为众多城市聚集之地，秦巴山脉以其中华文明发源地——黄河、长江两大流域最大涵养补给区的独有地位，成为这类区域的典型代表。在漫长历史过程中，秦巴山脉处于对人类的单向能量供给状态；随着工业文明的到来，城市的快速发展和人口的急剧增加，给生态供给源地添加了超负荷的压力乃至威胁，构成人类对山脉的能量反噬状态，修复自然与城市的关系成为紧迫问题；在生态文明时代，人类与自然应该具有更加天然的融合关系。人类从森林走出，可以通过更高形式与森林相处，给予森林保护，并从森林中获得生命能量，与哺育人类生长的山脉自然形成相互支撑、融合共生的理想状态，这是人类与自然的能量互惠状态。基于此，本书认为秦巴山脉与外围环秦巴城市地区是密不可分的人地共同体，应追求能量互惠状态，进而提出山脉-城市共同体理论概念。

本书认为要把秦巴山脉与外围城市地区作为整体，研究两者之间的相互关系，突破就单一城市群或山区的研究方法，转而从山脉-城市的整体角度将自然区域与城市区域统一讨论，揭示内在依存规律，探讨合理相互关系，通过外围城市地区的绿色强发展，实现山脉腹地的生态大保护。这一新的研究思路开拓了对国家整体区域经济格局有重大意义的"秦巴区域"这一新的研究领域。

借鉴相关经验与理论，本书将高价值高敏感生态-城市集中区域的概念具体到山岳型地区，结合秦巴山脉特点，提出"山脉-城市共同体"概念，即规模性高生态价值及高生态敏感性区域山脉与周边规模性城市聚集区构成的人与自然相互支撑、协同共生的整体区域（图 6-1）。

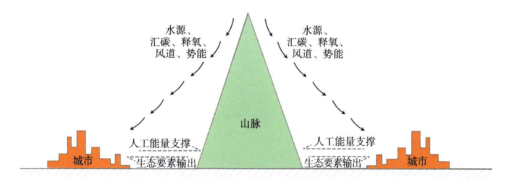

图 6-1　山脉-城市共同体示意图

结合秦巴现实，本书从相互关系、作用机制和实现路径三个方面对山脉-城市共同体进行解析。

三、相互关系

首先，山脉-城市共同体中的山脉和城市均不是纯一属性。其所涉及山脉的范围往往较大，山脉内部除山、水、林、湖、草等自然生态基底外，一般还存在一定规模的农田、人居、工矿等社会经济要素，因此其自身并非纯粹的自然山体属性，而是融合自然与人文的复杂人地系统；其所涉及城市也并非一座城市，而由于山脉与周边地区的联系较广，"山脉-城市共同体"中所提城市更多的是指多个城市的聚集地区，各城市在自身人工建设基底的基础上，由绿廊分割，由交通连接。

其次，山脉-城市共同体中的山脉与城市之间存在极为紧密的相互联系。一方面，山脉腹地为周边城市地区提供着赖以生存的水、气、风等生存基础和植物资源、矿产等社会经济发展的生产资料，以及文化根脉的精神依托；另一方面周边城市对腹地山脉实行着行政管辖，往往表现为多个城市对应山脉腹地片区的多行政管理分割现状，同时城市地区为山脉腹地的公共服务、交通基础设施建设等提供着科技和资本支持，也是山区腹地人口、产业的理想外迁承接地。此外，山脉与城市之间往往通过文化产生精神联系，通过交通产生要素联系（图 6-2）。

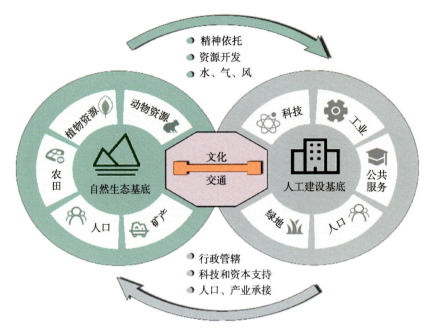

图 6-2　山脉−城市共同体内在关系示意图

四、作用机制

本书通过研究认为山脉−城市共同体的作用机制可分为以下三个阶段。

第一阶段：相对独立的生态依存初级阶段。该阶段山脉为城市提供生态生存的水气条件，为人类提供安全避灾屏障，以及矿产、木材等资源供给；城市依赖于山脉发展，对山脉资源和生态造成影响与干扰，但其规模在承载阈值之内，山脉总体不受威胁。

第二阶段：相互作用的要素反哺中级阶段。随着城市的发展，并对自然山脉一味攫取资源，获取资源的需求已超出承载阈值并造成破坏。城市需要对山脉进行生态修复、生态补偿的反哺；同时山脉腹地基于生态保护要求，逐步向周边城市疏解人口、产业等社会经济要素，逐步改善失衡的山脉−城市关系。

第三阶段：相互渗透的功能互动高级阶段。该阶段山脉和城市之间的功能打破纯一化属性，逐步走向多元互动，城市的科研、教育、游憩等生态清洁的城市功能逐步向山脉腹地渗透，强化了山脉腹地人居聚落的绿色发展动力，形成山脉腹地的高品质绿色人居空间；山脉的生态、游憩、观览等功能逐步向城市边缘渗透，成为城市功能中不可或缺的近远郊绿色生态单元，成为城市地域空间不可或缺的一部分。二者最终形成敏感生态得到高品质大规模精准保护、人居区域高品质集约绿色发展、相互功能高品质渗透的生态文明共同体（图 6-3）。

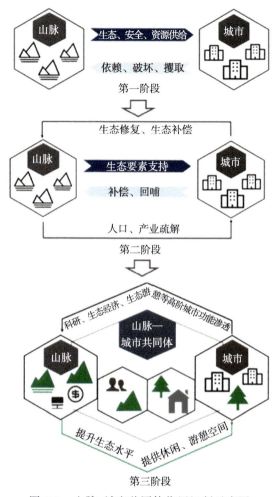

图 6-3 山脉–城市共同体作用机制示意图

五、实现路径

山脉–城市共同体要顺利过渡到高等级、高质量发展阶段，需要在山脉、城市二者内部以及二者之间形成生态、人文等多要素互动。本书认为山脉–城市共同体的实现路径可从要素互动和空间组织两方面进行构建。在要素层面，以山脉生态保护和绿色发展形成绿芯为原则，重点从生态、功能、人居、文化等方面互动实现。在空间层面，以山脉腹地形成绿芯作为组织形态。

首先，在要素互动层面，应重点从生态、功能、人居、文化四个方面互动实现。

（1）山脉腹地对山水林湖草等自然生态开展生态保护，外围城市地区从跨流域治水、碳汇交易、生态补偿等方面进行生态共治，最终形成供给与反哺的生态平衡互动。

（2）山脉腹地对工矿、农田、人口等要素做减量引导，开展人口疏解、产业疏解、矿产管控和农田退耕，外围城市地区积极构建产业分工、形成分区准入政策、共建秦巴绿色品牌试点，最终形成强有力且分工分布明晰的产业功能支撑，为腹地人口、产业提供外迁承载地，进而形成疏解与承接的同步互动；同时，向山区提供适宜的高新科技等输入，提升原有科技类装备制造等产业绿色转型水平，形成山脉内外新经济互动协同。

（3）山脉腹地对城镇乡村等在绿色人居单元管控、流域人居整理以及绿色建筑营造等方面进行引导，构筑山脉内部的绿色高品质人居空间，外围城市地区在人才、科技、资金支持等方面，为腹地人居空间的建设提供外部支撑，并对山区绿色人居空间植入科研、培训、教育、清洁生产等生态经济功能，进而形成内部提振与外部支持共同作用的人居绿色升级。

（4）山脉腹地对文化要素开展文化传承与彰显，外围城市地区开展联合申遗等文化共兴协同，进而形成传承与彰显交织呼应的文化互动。

其次，在空间组织层面，应以绿芯模式作为范式开展。

（1）在山脉腹地内部，以整体绿芯为原则，在山林打底的基础上，引导城乡人居空间呈高强度集中、低密度分散的特征嵌布其中，形成整体绿色、有机分散的空间组织特征。

（2）在外围环秦巴城市地区之间，以串珠环布为原则，在绿廊分割的基础上，各城市区呈簇团状，拱卫于山脉周边，形成不连续、不连绵的空间组织特征。

（3）内部山脉腹地与外围环秦巴城市地区之间，形成内部绿芯、外围城市地区簇团散布拱卫的绿芯空间形态（图6-4）。

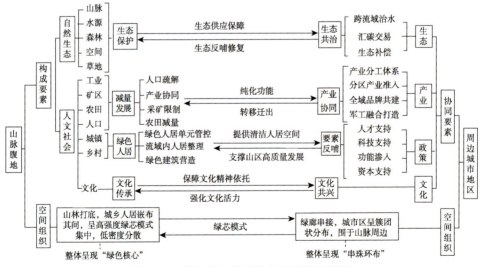

图6-4　山脉–城市共同体实现路径示意图

第二节　区域协同重点

秦巴区域具有突出的生态价值、战略价值和国土安全价值，整个区域的绿色协同发展是关系到我国生态安全、国土平衡、战略格局的中央支点。而该区域涉及五省一市，受行政壁垒影响，区域协同发展需要在国家层面进行统一规划、运筹和布局。

一、作用机制：构建四大城市地区分工体系

在《成渝城市群发展规划》《关中平原城市群发展规划》《长江中游城市群发展规划》《中原城市群发展规划》中，对成渝、武汉、郑州、西安等城市群/大都市区的发展定位和重点发展的优势产业都已明确。本书在此基础上，重点从加快环秦巴山整个区域更高质量发展的角度，探讨以成都、重庆、西安、武汉、郑州等为核心的城市地区在区域内部和环秦巴山城市地区的协同发展中应承担的重要功能和作用。

首先，发挥四大城市地区在长江经济带、丝绸之路经济带等国家重大区域战略中的枢纽作用，带动区域内其他地区更好融入国家区域战略之中。一个地区的发展与其他地区和国家整体的发展密切相关，尤其是新技术革命和经济全球化的快速兴起，已将一个地区的发展置于更加开放的经济体系之中。因此，每一个地区的发展，无论是发达地区还是欠发达地区，都必须融入更大区域范围的发展战略之中。从环秦巴山区域板块内部各地区的发展基础来看，由于区位条件、基础设施和发展水平等因素的制约，相对落后的地区对内对外的开放度都偏低，这也是制约整个区域协同发展、形成有效分工的重要因素之一。因此，需要依托四大城市地区在长江经济带和丝绸之路经济带中的功能定位，以其作为其他地区融入国家区域战略的连接枢纽点，建立辐射与承接的通道，为真正实现整个区域的协同发展奠定基础。

专栏1　长江经济带的总体空间布局

长江经济带总体空间布局为"一轴、两翼、三极、多点"。"一轴"是指以长江黄金水道为依托，发挥上海、武汉、重庆的核心作用，以沿江主要城镇为节点，构建沿江绿色发展轴。突出生态环境保护，统筹推进综合立体交通走廊建设、产业和城镇布局优化、对内对外开放合作，引导人口经济要素向资源环境承载能力较强的地区集聚，推动经济由沿海溯江而上梯度发展，实现上中下游协调发展。

"两翼"是指发挥长江主轴线的辐射带动作用，向南北两侧腹地延伸拓展，提升南北两翼支撑力。南翼以沪瑞运输通道为依托，北翼以沪蓉运输通道为依托，促进交通互联互通，加强长江重要支流保护，增强省会城市、重要节点城市人口和产业集聚能力，夯实长江经济带的发展基础。

"三极"是指以长江三角洲城市群、长江中游城市群、成渝城市群为主体，发挥辐射带动作用，打造长江经济带三大增长极。①长江三角洲城市群。充分发挥上海国际大都市龙头作用，提升南京、杭州、合肥都市区国际化水平，以建设世界级城市群为目标，在科技进步、制度创新、产业升级、绿色发展等方面发挥引领作用，加快形成国际竞争新优势。②长江中游城市群。增强武汉、长沙、南昌中心城市功能，促进三大城市组团之间的资源优势互补、产业分工协作、城市互动合作，加强湖泊、湿地和耕地保护，提升城市群综合竞争力和对外开放水平。③成渝城市群。提升重庆、成都中心城市功能和国际化水平，发挥双引擎带动和支撑作用，推进资源整合与一体发展，推进经济发展与生态环境相协调。

"多点"是指发挥三大城市群以外地级城市的支撑作用，以资源环境承载力为基础，不断完善城市功能，发展优势产业，建设特色城市，加强与中心城市的经济联系与互动，带动地区经济发展。

资料来源：《长江经济带发展规划纲要》

其次，强化四大城市地区在环秦巴山城市地区发展中的战略性支柱作用，促进生态脆弱区或经济落后地区人口向四大城市地区集聚。环秦巴城市地区承担着非常重要的生态功能，整个区域的发展必须以生态优先的绿色发展为原则，不能过度强调地区之间的平衡发展，而是要引导人口向中心城市集聚，为生态功能的更好发挥提供基本保障。从环秦巴山区域板块的人口分布来看，成都、重庆、武汉、西安、郑州和南阳是区域内人口规模较大的城市，但所聚集的人口占区域总人口的40%左右，还有60%左右的人口分散在其他地区，相当比例的人口生活在邻近秦巴山的生态脆弱区，这些地区由于自然条件和生态环境条件的限制，产业发展潜力有限。参照国家主体功能区的布局，该区域多数也属于限制开发区或者禁止开发区。从改进区域公共服务质量，提高公共资源配置效率的角度来看，这个区域也不适宜再搞大规模开发。这就需要进一步强化四大城市地区的集聚功能，不仅要承担更重要的经济发展功能，更重要的是要吸引集聚更多的人口。

再次，发挥四大城市地区现代产业集聚区的优势，通过贯通区域内的产业链、创新链和价值链，辐射带动整个区域向更高质量发展转型。在上述四大城市地区战略发展规划中，国家基于全国的产业分工体系，分别从现代制造业、现代服务业和战略性新兴产业等角度，赋予了不同城市群的产业发展定位，在空间布局上也明确了引导方向。对于环秦巴城市地区而言，重要的是要发挥四大城市地区在先进制造业、战略性新兴产业、文化旅游、现代物流、现代金融等现代服务业领域的资源优势和产业优势，以相对发达的中心城市为核心，进一步优化整合整个区域的资源配置。一方面减少地区之间的同质化竞争，提高资源的规模利用效率；另一方面，推动地区之间建立有机分工联系，拓展四大城市地区产业集聚的辐射功能，促进其他地区发展潜力的释放。

最后，发挥四大城市地区开放的优势，辐射带动整个地区的开放发展，建设成为我国内陆开放型经济战略的新高地。在整个国家全面开放的战略布局中，四大城市地区都分别承担着重要的功能定位——成渝城市群的定位是内陆开放型经济战略高地，西安是向西开放的战略支点，以郑州为核心的中原城市群是内陆地区双向开放新高地，以武汉为核心的长江中游城市群是内陆开放合作示范区。环秦巴城市地区地处我国地理版图的中心，具有"承东启西，贯通南北"的地缘优势，是将四大城市地区的开放优势向东北、华北、京津冀、西部等地区传导辐射的重要通道和连接点，将带动本地区和更多地区参与到服务国家向北、向西、向南开放的总体战略布局之中。四大城市地区战略定位和优势产业见表6-1。

表6-1　四大城市地区战略定位和优势产业比较

核心城市-区域	发展的战略定位	优势产业
成渝-成渝城市群	引领西部开发开放的国家级城市群、全国重要的现代产业基地、西部创新驱动先导区、内陆开放型经济战略高地、统筹城乡发展示范区、美丽中国的先行区	发展装备制造业（重型和超重型机床设备）、汽车及交通运输设备制造业、冶金工业；打造中部钢铁产业集群和具有全球竞争力的有色金属产业基地；发展石油化工、家电、新一代信息技术、高端装备制造、新材料、生物、节能环保、新能源与新能源汽车等战略性新兴产业
西安-关中平原城市群	建设具有国际影响力的国家级城市群、内陆改革开放新高地、向西开放的战略支点、引领西北地区发展的重要增长极、以军民融合为特色的国家创新高地、传承中华文化的世界级旅游目的地、内陆生态文明建设先行区	主要发展能源化工、航空、航天、数控机床和机器人、输变电、新一代信息技术、轨道交通、3D打印、生物医药、新材料、集成电路、人工智能等战略性新兴产业，承接汽车、装备制造、电子信息、生物医药、食品加工、纺织等产业转移，发展航空航天、兵器、船舶、军工电子等军民融合重点领域
郑州-中原城市群	经济发展新增长极、重要的先进制造业和现代服务业基地、中西部地区创新创业先行区、内陆地区双向开放新高地、绿色生态发展示范区	重点发展智能电气装备、冶金矿山及大型成套石油装备、工程装备、现代农机、轨道交通装备、汽车和重要智能装备；精品原材料产业、生物医药、先进材料、机器人、新能源及装备、新能源汽车、节能环保等战略性新兴产业；以冷链食品、面制品、肉制品、休闲食品、饮料、油脂、果蔬等为重点的食品产业；中高端服装、环保家居、智能家电、制鞋、箱包、发制品、贵金属与珠宝玉石等产业集群；现代物流、金融、商务服务、研发设计、信息与软件服务、旅游、文化、现代商贸、健康养老等

续表

核心城市-区域	发展的战略定位	优势产业
武汉-长江中游城市群	中国经济新增长极、具有全球影响的现代产业基地和全国重要创新基地、中西部新型城镇化先行区、内陆开放合作示范区、"两型"社会建设引领区	发展重型机械、船舶配套设备、航空航天、能源设备、节能环保设备、内燃机及通机、仪器仪表、轨道交通、数控机床工具、汽摩整车、机器人、成套电气、现代农业机械等；电子核心部件、新材料、物联网、机器人及智能装备、高端交通装备、新能源汽车及智能汽车、生物医药等战略性新兴产业、能矿资源加工产业，现代物流、现代金融、商贸服务、高技术服务业和科技服务业、农林产品加工产业集群、文化产业、旅游商务休闲产业等

二、空间模式：形成绿芯空间组织模式

秦巴区域是典型的生态-城市平衡区，通过分析国内外生态-城市平衡区发展案例，本书认为环秦巴城市地区首先在空间格局构建中应充分突出秦巴山脉的绿芯地位，在空间模式选择中应积极构建绿芯模式。

秦巴山脉与周边环秦巴城市地区是物质、能量、社会经济紧密关联的重大生态-城市依存区，是基于山脉自然物质的人地共处的共同体。秦巴山脉地处我国中西部地区中心位置，为周边关中平原、四川盆地、江汉平原等城市密集区提供水源、氧气、风道等生态依托，滋养着周边城镇地区的建设发展。环秦巴城市地区既是秦巴山脉生态资源的受惠地，也是秦巴山脉生态保护与山区经济绿色转型的重要支撑地。秦巴山脉之于周边城市地区与北美五大湖区、阿尔卑斯山等世界多个类似地域人地关系十分相近，形成了特殊的生态-城市紧密依存区，两者成为难以分割的整体。因此，秦巴山脉的发展不能就秦巴论秦巴，需要统筹考虑周边环秦巴城市地区的互动影响。

本书认为秦巴山脉与周边环秦巴城市地区的共处协同，应通过构建以宏观绿芯为特征的山脉-城市共同体空间模式，即秦巴山脉腹地作为泛秦巴区域的生态绿芯，在强调生态严格保护的同时，加快产业绿色转型和城乡集约发展，并引导山区人口合理有序地向周边城镇地区疏解；周边城市地区则形成绿色簇轴状城市发展地带，成为绿芯生态保护与产业转型的强大支撑动力源。

二期研究秉承一期所提出的秦巴区域绿芯空间发展模式，即秦巴山脉生态核心区以绿色空间为主，城乡产业创新空间集约，人口逐步向外疏解；秦巴山脉周边城市地区作为重要发展集群相互协同，构建绿色串珠状簇轴状城市发展环带。这一模式将构建秦巴山脉与环秦巴城市地区要素高效流通的协调发展格局，实现环秦巴城市地区对秦巴山脉的带动扶持，进一步强化环秦巴城市地区对秦巴山脉生

态保护的支撑作用,同时疏导秦巴山脉绿色生态资源向外部城市地区渗透。

这一模式中包含两个重要方面:一方面是突出秦巴山脉腹地绿芯的生态保护与建设,通过区域内外协同共同保护秦巴山脉腹地的生态环境,形成区域的生存依托和生态本底;另一方面是避免外围环带城市地区的集中连绵发展,大片的生态空间、绿色农业空间穿插其中,引导建设用地形成串珠状的大分散、小集中的城市布局形态,充分凸显秦巴山脉这一绿芯生态保护的主导作用,形成本区域国土空间绿色发展的基本框架,使整个泛秦巴区域成长为国家生态保护与特色创新发展的典范区域,真正实现环秦巴城市地区的强发展,促进秦巴山脉的大保护(图6-5)。

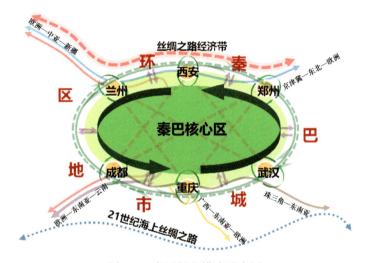

图 6-5　秦巴绿芯模式示意图

绿芯发展模型所要表达的核心状态是秦巴山脉的保护建设以及环秦巴城市地区对秦巴山脉的支撑作用。后者是解决秦巴山脉生态保护与经济落后矛盾的根本途径。因此,环秦巴城市地区在保持串珠状形态和满足新常态需求的前提下,应注重对山区城市化人口的承接和对山区城乡发展的辐射与带动作用,形成强大的核心城市功能优势。秦巴山脉城镇发展规模应该强化集约,同时与外围核心城市职能形成协同,结合原有"三线建设"基础,积极发展科技类精密型产业和绿色产业,并注重城市化人口的承接和服务业发展。

1. 引导山脉腹地非生态职能向环秦巴地区疏解

保持人口与资源环境平衡是秦巴区域人口空间分布的基本原则。通过加快城市化、工业化进程,全面促进人口向人居环境适宜、资源环境承载力有余的地区集聚。

将秦巴区域内资源环境承载力超载、生态脆弱、城市化水平不高且人口密度相对较大、人口与资源环境相对失衡的地区,以及自然环境不适宜人类常年生活和居住的生态敏感区（自然保护区、国家森林公园、国家地质公园、风景名胜区，以及海拔 1000 米以上的高海拔区域）确定为人口疏解区，主要包括秦岭南麓、陇南山区、巴山北麓以及丹江口水库和神农架林区周边县市，引导疏解区内人口逐渐迁出，鼓励人口在区外或发展条件较好的平原区域集聚。最终保证生态敏感区内人口总量大幅度降低，山区部分人口密度降至 90 人/千米^2。

同时，对于山区腹地与生态环境保护相矛盾、高耗能高污染等产业，应积极引导相关企业向腹地边缘迁移、向腹地城镇集中建设的川道迁移，引导既有工矿企业向工业园区和循环园区集聚，既有工矿企业以产业集群方式搭载链条化集聚板块。

合理有序地控制秦巴山脉腹地旅游开发、康养度假等文旅产业的发展，在适宜生态环境容量的前提下，应避免一刀切的政策制定，既要避免严格禁止发展，也要避免肆意过度开展，应在充分评估生态环境容量的前提下，有控制、有选择地进行文化旅游等相关产业的发展。

2. 加强环秦巴地区对山脉腹地的生态补偿

在环秦巴地区创新建设秦巴碳汇交易中心，实现秦巴山脉生态资产的经济价值，促进环秦巴地区城市以及全国其他城市与秦巴腹地的生态资源互动，实现秦巴山脉的生态价值转化。加快制定森林草地及农地保护区、水土涵养区、生物多样性保护区等生态敏感区的生态资源补偿机制。

通过生态补偿机制解决部分生态敏感区社会经济发展问题。建议秦巴山脉丹江口水库上游地区、汉江水源涵养区、嘉陵江水源涵养区等生态敏感区与环秦巴城市地区相应城市挂钩开展水资源补偿，制定水源供给区与水源涵养区的对接补偿机制。

突破当前单一财政转移支付的生态补偿机制，率先在秦巴山脉推行生态资源有偿使用机制。开放生产要素市场，使水资源资本化、生态资本化，达到节约资源和减少污染的双重效应。完善库区及上游地区水资源合理配置和有偿使用制度，推进建立水资源取用权出让、转让和租赁的交易机制，逐步推行政府管制下的排污权交易，运用市场机制降低治污成本，提高治污效率。加强生态资源输出区和供给区之间点对点的产业扶植、技术支持、人才支援等多样化补偿体系。完善生态补偿资金分配使用考核办法，实现国家重点生态功能区转移支付资金的合理分配。

三、构建三级递进协同板块

1. 构建核心板块

2020 年中央财经委员会第六次会议决定，推动成渝地区双城经济圈建设，这意味着成渝地区双城经济圈在国家战略格局中的地位将进一步提升，区域影响力和辐射带动力将进一步增强。在环秦巴城市地区区域协同的第一阶段，需要在原"西三角"的基础上，加快推进关中城市群与成渝双城经济圈的密切协作。

长久以来，成渝地区与关中地区作为西部大开发的重要核心城市地区，一直有学者及专家呼吁构建"西三角"协同发展区，以更好应对我国西部地区的协同发展诉求，更好带动西部广大地区的发展。但受区域行政分割影响，"西三角"更多地仍停留在学界倡议层面，在战略构建、区域协同、政策机制等实质性协同层面进展缓慢。

随着"一带一路"倡议的推进，我国的国土空间格局正发生着巨大变动，原"西三角"（即成渝-关中区域）成为未来关系到我国"一带一路"转换、平衡东西部发展、构建东西向双向开放的中部支点和关键区域。为此，本书认为在环秦巴城市地区协同发展新空间格局构建的第一阶段，应着重加快推进成渝双城经济圈与关中平原城市群二者之间的协同发展，通过构建成渝-关中协同发展区，拉结关中平原城市群与成渝城市群，发挥成都、重庆、西安的核心城市作用。将促进成渝-关中城市群的协同发展，共同打造西部大开发核心引擎提升到国家战略的层面，共同构成辐射整个大西部，有效支撑"一带一路"向西对外开放的西部发展枢纽增长极核。同时发挥现代快速交通、网络城市等新形态、新经济的发展优势，构建平衡东西国土空间发展的"成渝西"板块。

2. 构建轴向协同板块

在培育完成引领核心点的基础上，积极向东、向西进一步拓展协同轴带，形成轴向协同板块，集中体现在向东和向西两个维度。

向西方面，在"成渝西"板块的基础上，进一步加强西安与兰州的连接，形成"西兰板块"，突出二者在丝绸之路经济带中的重要作用，支持甘肃、陕西充分发掘历史文化优势，发挥丝绸之路经济带重要通道、节点作用，共同形成东西轴向的中国西向陆路的枢纽门户区。

与此同时在东部，强化郑州和武汉的连接，形成"郑武板块"，强化中原城市群与长江中游城市群的互动联系，形成我国中部区域产业、人才、科技的核心集聚区，形成承接东部辐射转移，向西联系扩散输出的中部引擎枢纽，与"成渝西"板块形成点轴拓展的空间结构。

3. 构建集群板块

在核心板块和轴向板块的基础上，各中心城市与城市群之间进一步深化协同，构成三大集群板块。第一，通过郑州、西安、兰州东西轴向进一步延伸，连接中原城市群与关中平原城市群，形成东部要素向西传递辐射的快速通道区域；第二，"成渝西"板块进一步与兰州衔接，强化西向功能，成为平衡国土空间、强化"一带一路"多要素聚集的重要城市区域；第三，"成渝西"板块与武汉-郑州板块衔接，构成大西部区域增长极与中部城市集群协同发展的新格局。通过上述过程，逐步形成能够有效支撑秦巴山脉生态保护，周边城市地区在这一共同目标下协同发展的整体局面。

四、构建三级传导路径

（1）一级传导：山区地级市充分参与到外围城市群的发展中。

以成渝城市群、关中平原城市群、中原城市群、武汉都市圈等城市群地区中的成都、重庆、西安、郑州、武汉、兰州、宝鸡、洛阳、绵阳等大中城市为动力源，向广元、三门峡、商洛、平顶山、十堰、陇南、安康等处于和邻近秦巴山脉的地级市进行传导，积极开展相关地级市与四大城市地区的分工协作、功能补充、产业联动以及设施共建、生态共保等。一级传导的关键职能是根据地级城市的生态前置条件、绿色循环产业构成以及资源特征，积极参与到各大城市群的分工合作之中，找准自身定位，分享中西部城市群快速发展带来的红利，用城市群整体的合力充分带动相关地级城市的产业转型、经济发展和人才建设。一级联动是实现秦巴区域以绿芯模式为核心的区域协同联动的第一步，是外围城市地区带动山区腹地发展的一级传导感应地带，应选择具有一定发展基础、发展条件较好、辐射带动县镇较多的地级城市作为一级传导的主要城市扶持对象。

（2）二级传导：组织建立绿色循环发展方式的主体。

二级传导在一级传导的基础上，以参与到城市群发展的山内地级城市为依托，承担起秦巴山脉绿色循环发展方式转型的主体责任，并以这些地级城市为主体向下一级县城传导，组织周至、蓝田、太白、眉县、凤县、柞水、镇安、山阳、商南等山内和近山基层城市（县城）开展转型发展，并逐步形成分工合作关系。二级传导的关键职能是组织山区腹地各级城市逐步建立绿色循环发展方式，涉及绿色产业转型、城乡空间重构、绿色人居空间改造、生态保护与可持续发展平衡、生态资产价值实现等一系列内容，二级传导是传递环秦巴四大城市地区辐射能量、扶植秦巴山区腹地城市形成内生生态生产力的关键环节，是"特色创新绿色发展示范区"的重要构成，对于构建绿芯发展模式具有重大意义。

（3）三级传导：内外要素双向流动的网络化支点。

依托周至、蓝田、太白、眉县、凤县、柞水、镇安、山阳、商南等山脉腹地支点，向广阔山脉地区辐射传导，带动整体山脉地区的生态保护、绿色发展和要素双向流动。以生态农产品产业链为例，一方面，秦巴山脉产出的绿色农林产品通过这些基层县城的收集、管理、组织、外售，兑换其经济价值；另一方面，基层县城是最底层的信息源，直接面向全国庞大的消费市场，同时交通设施、信息网络技术等外围城市辐射要素将在这里汇聚。因此，基层城市的网络化支点的建设是秦巴山脉内外要素流动的关键（表 6-2）。

表 6-2　三级传导链的特征及组成

等级	一级城市区域	二级城市区域	三级城市区域
特征	包括环秦巴城市地区重要大中城市	秦巴山脉近山及山内的地级市	秦巴山脉及周边基层城市
城市	西安、成都、重庆、郑州、武汉、兰州、宝鸡、天水、绵阳、襄阳、南充、洛阳、宜昌	定西、陇南、三门峡、商洛、平顶山、十堰、陇南、安康、汉中、南阳、广元、巴中、通州	周至、蓝田、太白、眉县、凤县、潼关、华县、洛南、丹凤、柞水、镇安、山阳、商南、南郑等
数量/个	13	13	88

三级传导过程是在现状城乡网络基础上，对山区内外能量互动的基础性路径描述。在现实状态中，由于协同方式的不同变化与推进、信息网络技术的覆盖与进步、市场动态机遇等各类因素，势必形成多种能量双向流动途径和方式，如环秦巴地区的基层城市会更直接受到大城市集群发展的辐射，大城市地区也会通过网络技术与山脉腹地资源汇聚地直接互动等。这些恰恰是需要鼓励和适应的山区内外互动协同的动态发展方式。

第七章

协同路径引导

第一节　顶层设计协同

加快构建顶层设计与通用导则促进空间高效协同。秦巴区域的整体协同发展，首先需要从国家层面统筹制定总体战略、规划体系、管控要求和引导策略等，针对五省一市跨行政区域的管辖壁垒问题，从顶层设计进行总体统筹，进而在宏观层面就秦巴山脉的生态保护问题、环秦巴地区发展问题以及秦巴区域整体协同问题等达成共识，为五省一市乃至区县单元在具体区域协同中提供总纲依据。

一、制定空间规划体系

首先，制定实施区域一体化协同发展的秦巴山区国土空间规划。建立统一的国土空间规划体系是生态文明体制改革的重要环节，是新时期自然资源保护和国土空间规划的重要改革工作。秦巴山脉面积广阔，山水生态资源丰富，国土空间要素多样且典型，能够作为新时期区域级国土空间规划的示范建设区。秦巴山区国土空间规划作为区域层面的国土空间规划，将主体功能区规划，全国、省级土地利用规划，城乡规划等空间规划的内容进行统筹协调，融合为统一的国土空间规划，实现"多规合一"。结合《中共中央 国务院关于建立国土空间规划体系并监督实施的若干意见》的要求，分级分类建立国土空间规划，形成以区域总体规划为统筹协调、详细规划和相关专项规划为具体落实保障的国土空间规划体系。区域国土空间规划编制突出战略性和协调性，在落实国家战略要求的基础上，确定区域目标定位和指标体系，提出全域空间发展战略，以促进秦巴山区内的一体化协同发展，实现对区域内各省、市、县等地区次一级国土空间规划编制的指导。

同时，规划应统筹考虑区域内山水林田湖草等生态要素的综合治理，促进区域协调、陆水统筹、城乡融合、产城一体、人地协调等，编制相关生态保护与修复规划、国土综合治理规划、河流流域治理规划、全域旅游发展规划、产业发展规划、区域设计等一系列相关专项规划，对秦巴山区国土空间开发、保护、利用做出科学合理的专门安排。

其次，建立秦巴山区国土空间规划有效推进的保障机制。根据《中共中央 国务院关于建立国土空间规划体系并监督实施的若干意见》的要求，由国家自然资源主管部门牵头组织，会同国家发展和改革委员会及相关主管部门联合推进，建立秦巴山区国土空间规划实施监督体系。涉及空间利用的专项规划，如生态环境保护、流域综合治理、公共服务设施、基础设施、文物保护等专项规划，则由具体的相关主管部门编制。同时，相关专项规划可在国家、省和市县层级编制，不同层级、不同地区的专项规划可结合实际选择编制的类型和精度。

针对秦巴山脉区域的特殊性，在强化规划权威性的同时，按照"谁审批、谁监管"的原则，分级建立国土空间规划审查备案制度，在建立秦巴山区国土空间基础信息平台的基础上，建立健全区域国土空间规划动态监测评估预警以及实施监管机制，严格管控、落实秦巴山区国土空间规划中所明确的"三区三线"及相关约束性指标。健全资源环境承载能力监测预警长效机制，建立国土空间规划定期评估制度，结合国民经济社会发展实际和规划定期评估结果，对秦巴山区国土空间规划进行动态调整完善。

二、制定建设管控导则

由国家主管部门出台专门针对秦巴山脉区域的空间建设管控导则，明确秦巴山脉区域具体管控范围及适用对象，具体导则涉及的管控内容应主要包含居民点布局、开发建设强度、城乡风貌、旅游建设及相关设施建设等的管控要求。加强秦巴山脉区域内各类空间建设的差异化管控引导，进一步规范秦巴山区内的各类城乡建设，加强精细化管理。

（一）居民点建设分类管控

结合生态基础和产业条件，以绿色为导向，提出全绿、深绿、中绿、浅绿四种绿色循环单元，以此引导不同区域的人居环境建设模式。

（1）全绿型居民点（生态保障单元）。全绿型居民点为地形复杂、生态价值大、生态敏感性高、人口稀少且分散、建设强度很难提升、高强度建设对生态破坏较大的地区。全绿型居民点一般规模较小，空间分布较为分散，为秦巴山区范围内的大部分村庄及处于自然生态保护区、水源地、国家公园区域内部对生态具有较大干扰的部分乡镇。针对全绿型居民点，引导控制其人口规模及建设用地规模，对于地处自然生态极其敏感、自然灾害频发区域的居民点，通过生态移民的方式适当进行迁村并点，适当引导相对分散的村庄向用地平坦、对外交通条件较好的村庄或秦巴山区范围以外的大中城市迁移，将迁移过后的村庄或乡镇进行生态还林或复垦；对于迁并形成的村庄按照农村社区的模式进行建设，完善公共服务职能，对于原址保留的村庄除优化原有居住功能外，适当拓展公共服务及旅游功能，并与原有居住功能在空间上进行融合，实现保护与发展的有机结合。总体管控导向以提供生态产品为核心功能，降低人类活动强度。

（2）深绿型居民点（效益双增单元）。深绿型居民点一般是指处于生态保护要求相对较低，距离生态极度敏感区、水源保护地相对较远的一般型乡镇或乡村。这类居民点经济发展水平和生态价值不高但人口总量较大，人均综合效益水平较低，处于资源环境与经济强度低水平供需平衡状态。针对深绿型居民点，要求控制其现有乡镇人口及用地规模不再增加，对于人口较少或交通条件极度不便的乡镇进行人口缩减或乡镇撤并，对于保留的乡镇禁止其进行污染性的工业及农业生产，建设空间上尽量集中、集约；可适当结合镇区现有布局规划生态农林副产品的绿色加工点、家庭作坊、农副产品集贸市场、电子商务园区等，在建设上充分利用地形地貌，将城乡建设对生态环境的干扰降到最小；对于距离景区较近、生态环境较好或乡村传统风貌保护较好的乡镇按照秦巴旅游小镇的定位、美丽乡镇建设要求进行建设，引入旅游服务及休闲度假职能，打造全生态、无污染的生态旅游小镇。总体而言，以高附加值、高质量绿色产业快速提升为主，全面提升地区生态价值效益，对人口进行必要疏解。

（3）中绿型居民点（经济保障单元）。中绿型居民点一般处于秦巴山区范围内地势相对平坦、交通条件及产业发展条件较好、人类活动强度较高的县城及中小城市。此类城市大多位于沿河流的河谷沟壑地带，城市形态上一般呈带状或团状。针对中绿型居民点，要求控制其人口规模及用地规模的增长速度，划定城市增长边界，防止蔓延发展；在建设中应因势利导，充分利用地形地貌，空间上尽量按照组团形式进行布局，通过河岸两侧及沟壑的生态绿地建设将城市空间进行自然切分，防止其城市蔓延发展，带来热岛、内涝等环境问题；组团内部适当提高建设密度、强度，引导空间紧凑发展；城市内部交通充分考虑城市形态，采用 BRT（bus rapid transit，快速公交）模式进行建设，提高带型城市的交通效率；运用海绵城市理念，在城市沿山区域及城市连片建设区内部建设郊野公园、生态公园等海绵体，充分收集雨水，减小地面径流；产业在全域层面进行协调分工，在城区层面按照园区化、集群化、集约化的方式进行建设，建设循环工业园区、循环农业园区及循环物流园区等。总体而言，中绿型居民点以提升发展质量、优化空间效益为主，在保护环境基础上全力推动经济可持续发展，是人口疏解部分承接地。

（4）浅绿型居民点（效益转移单元）。浅绿型居民点适用于秦巴山区范围内人口相对较多、规模较大、对生态环境干扰较大的区域中心型城市。这类城市一般处于河流川地，地形平坦开阔，经济发展和城镇化水平处于山区最高水平。由于人口密度和建设强度过大，生态和环境承载压力较大。针对浅绿型居民点，应合理确定城镇人口规模与城市用地规模，划定生态红线、确定城市增长边界；充分考虑城镇建设与山水环境的空间关系，按照生态城市要求、有机疏散理论建设城市，利用沟壑、河谷、水系等自然划分城市组团，避免城市单中心蔓延拓展；利用快捷交通方式，按照多中心、组团式的布局模式组织城市空间。以优化产业结构和人地资源配置为主，作为人口疏解承载地，应实现生态价值和综合承载力的提升，引领并带动整个秦巴山区实现综合效益的全面提升。

（二）有序引导城乡风貌管控

各市县结合秦巴区域建设管控导则及相关政策文件等，因地制宜制定更为具体的规划建设导则，并编制相应的城镇风貌规划。

（1）城镇风貌引导。为保护秦巴自然与人文风貌，彰显秦巴特色，按照风貌分区、风貌节点、风貌轴线对地域风貌特色进行展示与控制。以"两山三水五盆地"的自然风貌格局和"华夏始祖文化，道教、佛教宗教文化，三国文化，红色文化"组成的人文风貌格局为基础，构建秦巴交融风貌区、秦陇风貌区、川蜀风貌区、巴渝风貌区、荆楚风貌区、中原风貌区六大风貌区。各风貌分区以一级城市风貌节点作为引领核心，以二级区县风貌节点作为支撑核心，以三级镇村风貌节点作为特色节点，分等级、分层次进行控制。区域内风貌轴线按照山体景观廊道、水系景观廊道，以及交通景观廊道进行管控。同时，在城镇建设过程中，应强化对秦巴文化依存的山水环境实施综合性保护，强化具有秦巴文化意蕴的城镇风貌营建及开发建设控制，强化对山水格局、肌理形态、风格色彩等传统与地域文化符号的提炼应用，并将具有高度文化价值的环境要素、景观要素、非物质文化代表场所等一并纳入保护与展示范畴。例如，以荆楚文化为核心的安康可塑造以青砖灰瓦、马头挑檐风貌为特色的秦巴山水园林城市；以山水文化为代表的商洛则以顺应秦岭地形地貌，体现山城一体格局为主，塑造以灵秀古朴、灰瓦黄墙、阴阳房面、抬梁飞檐风貌为特色的灵秀山水旅游城市。运用区域设计相关理念，从整体区域出发，对山脉自然风貌景观、城乡斑块组团、设施廊道（高压走廊，各类道路等）等进行统筹思考与安排，从而保障秦巴山脉自然生态风貌景观保护与人居环境风貌建设的和谐统一。在城市风貌特色构建过程中，应充分发挥城市所依托的山水自然环境优势，利用自然地形地貌，因地制宜，构建与自然环境相得益彰的城市生态景观格局；深度挖掘地域人文资源，凝练城市文化价值内涵，明晰城市文化建设的理念思路，形成有别于其他城市的文化精神特色，并以此塑造独特的城市名片；综合研究确立城市风貌特色定位，并构建总体风貌特色空间建设的结构框架，明确城市风貌特色建设与管理的目标方向；以风貌总体框架为指引，进一步深化特色风貌构成体系，明确片区、轴线、节点、界面、廊道等特色风貌要素构成。对于风貌重点区域的空间形态、建筑风格、开敞空间、道路交通等要素进行控制；积极发挥环境对人的德化、教化作用，强化以人为本的思想，营造融不同功能与城市生活为一体的特色空间，强化城市场所精神，增强城市环境文化的作用。在小城镇风貌特色构建过程中，应充分依托小城镇地形地貌、水文气候等自然环境条件，构筑适宜自身职能发展定位的总体空间格局；重点协调城镇建设与自然山体、河流水系、农田林地等的空间关系，合理控制开发强度；营造地域特征鲜明、尺度规模适宜并与自然环境和谐共生的小城镇风貌形象；充分挖掘小城镇地域文脉、民俗风情等文化基因，明确文化特色内涵，将鲜明地域文化特征融入小城镇空间与环境建设，营建富含文化气质的小城镇环境风貌；对小城镇商业中心、公共活动中心等重点区域应进行空间形态、开发强度、建筑形式（风格、尺度、色彩、材质）、环境设施等多方面的控制引导，形成具有小城镇风貌特色的标志区域，增强小城镇整体对外吸引力；突出以人为本，将生活舒适性作为小城镇特色风貌建设的立足点，加大环境治理力度，注重人文关怀，控制小城镇建设规模与建筑尺度，力求人与自然环境的和谐共生，实现可持续发展。

（2）建筑风貌引导。城市建筑风貌主要通过空间、形态、色彩、材质、装饰、意韵等途径，针对不同营建目标和环境要求，展现地域传统、地域与时代风貌结合等不同建筑风貌特色，结合环境氛围对文化建筑等标志性建筑以及各类标志性新建及改造建筑进行重点控制。传统建筑风貌以传统建筑的保护与修缮为主，同时在历史建筑周围地段适当营建具有传统风貌的建筑，结合历史地段与街区、城市历史文化重要节点等区域分布；时代建筑风貌在城市各种类型建筑中广泛分布，建筑风貌依然应该符合城市综合气质特征。小城镇建筑风貌主要基于小城镇资源特征分析，按照地域气质建筑风貌、传统建筑风貌、现代建筑风貌等进行构建。地域气质建筑风貌主要应用在小城镇重要空间节点，可结合文化、办公、旅游服务等功能，根据城镇职能定位进行布局；传统建筑风貌以历史建筑的保护与修缮为主，应结合文物保护单位、历史街区等区域分布；现代建筑风貌应注重与小城镇风貌特色定位相适应，并与小城镇生态环境相协调。乡村建筑风貌应充分挖掘乡村地区的本土地域文化，引导乡村建筑风貌的特色化改造，严控建筑高度及色彩、体量等。秦巴区域内的乡村建筑风貌主要可划分为地域气质建筑风貌、传统建筑风貌、现代建筑风貌。地域气质建筑风貌应强调深入挖掘传统民居精髓，采用简洁适宜的设计手法，以新建村落及改造民居为主，可以作为乡村建筑的主要风貌类型；传统建筑风貌则以传统民居保护与修缮为主，结合传统村落保护、旅游服务型村落建设等需求进行布局；现代建筑风貌主要应用于个别乡村新建建筑，注重与环境相融合。同时，根据不同空间特征将乡村分为多个类型，制定类型化乡村空间发展引导策略，保护原有村庄肌理、尺度、标志及景观格局。村庄空间布局注重人与环境的关系，因地制宜，控制村庄空间布局模式，避免过度单调严整的布局形式。根据整体环境特征控制建筑高度和建筑体量，形成与自然相和谐的村落特色。此外，结合秦巴区域内乡村地区经济发展滞后及其分布零散、交通不畅等现实因素，大力推广实施人居环境轻量化、生态化、特色化改造，改善乡村人居环境；强调轻量化的人居环境改造，避免大拆大建，注重因地制宜，控制建设体量，充分保护传统的空间肌理，从建筑材料、结构体系、可实施性等方面综合考虑，降低改造成本，推动乡村风貌提升。以生态化改造为原则，避免人居环境改造过程中对秦巴山区内生态环境的破坏及污染。同时在人居环境建设过程中，应强化生态保护，突出"原生态"，保护自然田园景观。

（3）旅游空间建设管控指引。在不破坏生态保护格局的前提下，组织策划适宜的旅游产品与旅游线路，完善相关旅游设施配套。针对秦巴山区内景区、峪道、古道、其他各类人文资源遗址等文化旅游空间的开发建设，在充分保护生态环境、历史遗存及其周边自然与人文环境不受破坏的前提下，进行适宜性的开发建设，结合环境容量测算等，严格控制旅游开发规模。同时，强化文化旅游空间的风貌建设控制，强化对山水格局、肌理形态、风格色彩等传统与地域文化符号的提炼应用，并将有高度文化价值的环境要素、景观要素、非物质文化代表场所等一并纳入保护与展示范畴，打造秦巴文化遗产的实证展示空间。

（4）基础设施空间建设管控指引。基础设施空间建设以集约低碳为核心原则，严格建设项目用地审查，合理确定建设规模，避让基本农田保护区。线性基础设施选线应充分利用现有选线，节约集约利用交通通道线位资源。基础设施空间建设应遵循"减量化、再利用、资源化"原则，积极探索资源回收和废弃物综合利用的有效途径；提倡生态环保设计，严格落实环境保护、水土保持措施；严格落实交通运输装备废气净化、噪声消减、污水处理、垃圾回收等装置的安装要求，有效控制排放和污染；严格执行交通运输装备排放标准和检测维护制度，加快淘汰超标排放交通运输装备；鼓励选用高品质燃料。

三、强化用途管控要求

以国土空间为依据，在秦巴区域实行更为严格的国土空间分区分类用途管制制度。由自然资源部牵头组织，各省市联合，科学统筹划定落实三条控制线，做好"三区三线"的协调管控工作，确保生态空间的功能完整性，保证区域生态功能不降低、面积不减少、性质不改变，严格限制生态红线内有限的人为活动；同时保证农业空间不受侵蚀，严格保护永久基本农田的规模质量，确保农业生产不受影响；严格控制城镇开发边界规模，避让重要生态功能区，不占或少占用永久基本农田。按照《中共中央　国务院关于建立国土空间规划体系并监督实施的若干意见》的要求，结合秦巴区域实际情况，在城镇开发边界内实行"详细规划+规划许可"的管制方式，在城镇开发边界外的建设中实行"详细规划+规划许可"和"约束指标+分区准入"的管制方式，同时对以国家公园为主体的自然保护地、重要海域和海岛、重要水源地、文物等实行更为严格的特殊保护制度。

四、构建空间管控策略

（一）构建针对开发管控的空间区划管控策略

根据土地利用空间均衡度指数的分类划定，结合各区县发展战略地位和区位特征，将研究区域分为发展严控区、发展提升区、发展优化区和发展疏解区四大战略发展分区。

1. 发展严控区

发展严控区主要包括土地利用不足的大部分区县，这些地区生态价值大、生态敏感性高，适用于城市开发建设用地较少，交通基础设施较差，而且人口分布较为分散，适宜建设发展用地很难集约高效地使用。这部分区县的发展策略是：以生态保护为地区承担的主要责任，维持目前建设现状，严控生态红线，逐步将人口向发展提升和发展优化区迁移。

2. 发展提升区

发展提升区主要包括土地利用较为不足的区县，以及个别土地利用均衡区和较过度开发区，相比发展严控区生态敏感性和生态价值略低，同时交通区位条件、地域环境较好。此类区县的发展策略为：在保护生态的前提下，加快地方经济发展，可以适当增加第二产业和第三产业的比重，吸收接纳少部分移民搬迁，增加城市建设用地，完善交通设施。

3. 发展优化区

发展优化区主要包括土地利用均衡区和较过度开发区，位于这类功能区划的区县往往经济发展条件较好，交通设施较为完善，生态重要性和敏感性较低，生态承载力大于发展严控区和发展提升区。这些区县的发展策略是：注重生态环境保护和重塑，增加森林覆盖率和植被覆盖度；降低工业生产和居住生活的污染物排放量；注重产业转型，逐步将支柱产业从第二产业调整过渡为第三产业；尽量避免城市建设用地的过度扩展，集约高效使用已开发建设的土地。最终使位于这片区域的区县土地利用均衡度维持在平衡的水准上。

4. 发展疏解区

发展疏解区主要以土地过度开发利用的区县为主，这部分区县多属于城市核心区，影响范围大、人口基数大、经济发展水平高，城市建设水平超过地方生态承载水平，部分区县生态环境受到地方发展的影响。对于此类区县发展策略是：适当疏解人口，降低城市建设开发量；发展绿色产业，降低环境污染水平；修复生态环境，提升环境承载水平。

（二）构建针对人口流动的疏解策略

结合不同功能分区采取相应的人口疏解策略。保持人口与资源环境平衡是秦巴区域人口空间分布的基本原则。通过加快城市化、工业化进程，全面促进人口向人居环境适宜、资源环境承载力有余的地区集聚。按照资源环境状况，将秦巴区域划分为三大区域：人口疏解区、人口限制区和人口集聚区。采取生态补偿、移民搬迁、异地城镇化等方式调控人口，开展合理的空间转移和区外迁出。

1. 秦巴山脉人口疏解区

人口疏解区为秦巴区域内资源环境承载力超载、生态脆弱、城市化水平不高且人口密度相对较大、人口与资源环境相对失衡的地区，也包括自然环境不适宜人类常年生活和居住的生态敏感区（自然保护区、国家森林公园、国家地质公园、风景名胜区，以及海拔 1000 米以上的高海拔区域）。其主要分布在秦岭南麓、陇南山区、巴山北麓以及丹江口水库和神农架林区周边县市。外迁疏解为该区域人口的主要引导方向。

2. 秦巴山脉人口限制区

人口限制区为秦巴山脉腹地内资源环境承载力临界超载，特别是土地资源和水资源临界超载，且继续增加人口将对生态环境造成持续影响的地区，主要包括秦岭西部的徽成盆地、汉江河谷的汉中盆地、安康月河盆地以及丹江河谷地区的县市。本区域以保持人口基本稳定、限制人口规模增加为发展导向，通过强化生态保护、限制区域产业用地的扩张、优化产业结构、完善公共服务设施等措施，保持区内持续发展。

3. 秦巴山脉人口集聚区

人口集聚区为秦巴区域内人居环境相对较为适宜、资源环境承载力平衡有余的地区，主要为区内平原区、缓坡丘陵地区或建设用地条件较好的大中城市周边，包括巴山南麓的广元、达州、巴中以及秦岭北麓、小秦岭区域的县市。本区域应该积极推进产业集聚，增强人口承载能力，积极吸纳秦巴山脉生态敏感区域内人口集聚。本区域也是秦巴区域内人口城镇化的主要承载区，应通过政策制度改革加快非本地居民的市民化进程。

第二节　生态保护协同

坚持生态保护优先，把保护和修复生态环境摆在重要位置，加强生态空间共保，推动环境协同治理，夯实绿色发展生态本底，努力建设绿色美丽秦巴。

一、加强生态保护立法

首先，组织编制秦巴区域生态环境保护规划，开展秦巴区域保护立法研究。将秦巴区域生态保护和高质量发展上升为重大国家战略，推进实施一批重大生态保护修复和建设工程，探索富有秦巴特色的高质量发展路径。

建议相关部门尽快启动秦巴区域生态环境保护规划编制工作，推进秦巴区域五省一市"三线一单"编制，开展生态状况变化调查评估。申请中央财政环保专项资金，重点支持秦巴区域森林、大气、水、土壤等污染防治和农村环境整治。安排生态补偿资金，引导秦巴区域建立生态补偿机制。

在国家层面开展秦巴区域保护立法研究，从全域尺度对秦巴实施统一综合治理，是解决秦巴区域生态环境保护难题，推动秦巴区域实现高质量发展的根本需求。国家层面综合立法可突出秦巴区域保护修复的系统性、整体性、协同性，为区域共同开展大保护大治理、统筹推进高水平保护和高质量发展夯实立法保障。

其次，以市为单位加快秦巴生态环境保护规划编制与立法研究工作。各省市以市为单位，加快组织编制秦巴生态环境保护规划，打破各区县行政管辖壁垒，实行市一级统一保护标准与要求，确定保护与控制区域，划定保护分区，明确各分区具体保护要求和重点任务，对各保护区勘界立标，实行严格保护。

制定相关法规条例，确保规定更严格、责任更明确、举措更有力，为持之以恒地有效保护好秦巴生态环境提供新的法律依据。

专栏 2　西安市秦岭生态保护条例

2013 年 6 月 27 日，西安市人大常委会通过《西安市秦岭生态环境保护条例》，使全市秦岭保护工作走上了法治化、规范化的轨道。2018 年 7 月以来，市委、市政府扎实开展秦岭北麓西安境内违建别墅问题专项整治，整合生态环境保护力量组建西安市秦岭生态环境保护管理局，稳步推进秦岭生态环境保护网格化管理，着力建立秦岭生态环境保护长效机制，积极实施系统性生态保护和修复工程，秦岭北麓生态环境恶化趋势得到有效遏制，秦岭生态环境质量持续好转，全市秦岭生态环境保护工作掀开新的篇章。2020 年对《西安市秦岭生态环境保护条例》进行修订，保护秦岭的规定更加严格，保护的责任更加明确，保护的举措更加有力，为持之以恒地有效地保护好秦岭生态环境提供了新的法律依据。

2021 年，西安市自然资源和规划局组织编制《西安市秦岭生态环境保护规划》，规划中将西安市秦岭范围划分为核心保护区、重点保护区和一般保护区，在秦岭范围外围划定建设控制地带，实行分区保护。其中，核心保护区内实施生态功能全方位保护，除实施能源、交通、水利、国防等重大基础设施建设和战略性矿产资源勘查项目，严禁开展与生态保护、科学研究无关的活动。严格控制人为因素对自然生态和自然文化遗产原真性、完整性的干扰和影响。各种科学研究活动实行最严格的报批制度，在活动开展前报西安市秦岭生态环境保护管理局审批。各类生态保护、科学研究有关活动应在西安市秦岭生态环境保护管理局备案。核心保护区优先实施生态搬迁，搬迁后的村庄用地全部用于植被生态恢复。并对各区县秦岭生态环境保护实施方案提出编制指引要求，以及同市级秦岭生态环境保护规划对接要点。

二、构建环境监测网络

秦巴区域生态环境监测存在同一生态环境要素由不同部门重叠交叉监测、监测部门信息壁垒等问题。为统筹监测秦巴区域水流、大气、土壤、森林、草原、海洋等生态环境要素，需建立上风向与下风向、上游与下游、地上与地下等空间区域相协调的，以及环保、国土、水利、林业、气象、农业、住建等部门协作的秦巴区域生态环境监测网络（表7-1）。例如，建立秦巴河流信息监测平台，对秦巴山脉主要河流（流域面积1000平方公里以上的河流）的基础信息、自然风景价值和面临风险进行调研，构建河流基础信息数据库。全面调研和挖掘河流在地质地貌、水生态系统、文化历史等多方面价值，构建河流价值数据库。

表7-1 各部门生态环境监测内容

主管部门	监测内容
环保部门	大气、地表水、地下水、生活饮用水、渔业水域、污水排放、土壤、生态、噪声
国土部门	地下水、突发性与缓变性地质灾害、矿山地质环境、生态地质环境、土地利用
水利部门	地表水、饮用水水源地、地下水、农村饮用水、水土流失、入河排污口
林业部门	生物多样性、森林资源、野生动植物、病虫害
气象部门	大气污染
农业部门	渔业水域、农业污染、野生动植物、土壤
住建部门	污水排放、垃圾收集、生活饮用水

地方主管部门积极组织科研院所共同开展水资源及流域水环境保护、生物多样性保护、矿山生态恢复治理、地质灾害预警等监测技术研发，利用5G[①]通信、

---

① 即5th generation mobile communication technology，第五代移动通信技术。

人工智能、大数据、卫星遥感、视频监控等技术，建立统一底图、数据共享、天地一体、上下协同的秦巴生态环境智慧监测平台，为秦巴生态环境保护科学决策提供依据。

三、建立自然保护地体系

（1）建立以国家公园为主体的自然保护地体系。在秦巴区域构建以国家公园为主体的自然保护地体系，其保护强度、保护面积、保护性质等基本属性，必须得到充分保障和加强。在秦巴山脉自然保护地体系完善中协调生态保护与经济可持续发展的关系，包括和自然保护地周边城市群、周边乡村地区，以及自然保护地内部社区的关系。本书建议秦巴山脉国家公园建设方案应为四个，除现有大熊猫、神农架国家公园外，新增伏牛山、秦岭两个国家公园。

（2）新增秦岭国家公园。现大熊猫国家公园陕西片区的保护区域虽然基本覆盖秦岭国家公园的核心区域，但在保护秦岭生态系统的代表性与完整性方面仍然不足，牛背梁、平河梁、汉中朱鹮国家级自然保护区等重要保护区及嘉陵江、汉江、丹江等区域主要江河源头未纳入保护范围，在珍稀动物栖息地及水源涵养地保护上存在缺失。同时，考虑到秦岭既是中国地理上的中心，也是有着悠久历史文化积淀的大山，秦岭无论是地理上还是文化上都具有无法比拟的重要标识性与代表性，应该有属于自己的国家公园。另外，大熊猫国家公园体制试点横跨三省，目前还没有探索出良好的跨省域协同管理机制。因此，本书建议扩大陕西境内的国家公园范围，新增秦岭国家公园，整合扩大现有大熊猫国家公园陕西片区，增加朱鹮、金丝猴、羚牛保护区，翠华山世界地质公园，水源涵养及珍稀濒危动植物保护区等，共同构成秦岭国家公园。原有大熊猫国家公园则主要包括现甘肃及四川片区。

四、建立目标考核体系

建立秦巴生态环境保护与修复指标体系（表7-2），明确五省一市秦巴范围内森林覆盖率、森林保护面积占比、湿地保护率、野生动物重要栖息地面积保护率、森林火灾受害率、林业有害生物成灾率、饮用水水源水质达标率、村镇生活污水集中处理率、历史遗留矿山地质环境治理率、人均绿道长度、生态旅游产值比重等。将秦巴生态环境保护工作纳入年度目标考核体系，科学设置考核指标，实行差异化考核，激励引导市、区、县有关部门落实保护责任。考核以完成秦巴生态环境保护指标为主要依据，综合评价秦巴生态环境保护与修复落实情况、公众满意度等，根据考核结果进行奖惩。

表 7-2 秦巴生态环境保护与修复指标体系

指标大类	指标中类
植被保护与修复	封山育林面积（单位：公顷）
	封山禁牧面积（单位：公顷）
	人工幼龄林抚育（单位：公顷）
	人工中龄林抚育（单位：公顷）
	森林覆盖率
	森林保护面积占比
	林业有害生物成灾率
	森林火灾受害率
生物多样性保护	生物多样性指数
	野生动物重要栖息地面积保护率
	湿地保护率
水源保护	主要河流（环境）功能区水质达标率
	水土流失治理率
	河湖水面率
	饮用水水源水质达标率
生态环境修复治理	新增国土空间生态修复面积（单位：千米²）
	历史遗留矿山地质环境治理率
	矿山治理示范点数量（单位：个）
人居环境提升	村镇生活污水集中处理率
	原生垃圾填埋率
	绿色交通出行比例
	生活垃圾回收利用率
	人均绿道长度（单位：米）
	生态旅游产值比重

五、推进生态资产转换

开展秦巴区域生态系统生产总值（gross ecosystem product，GEP）评估工作，建立生态资产转换机制。

（一）建立 GEP 核算机制

国家层面统筹的 GEP 评估工作便于建立统一评估标准和调查技术体系，同时可解决各部门资源数据不统一、不明晰等问题，统筹国土调查工作，摸清资源家底，建立资源本底资料库，实现资源共享，为制定合理高效的国土空间规划打好基础。秦巴区域可开展定期评估，争取在国家层面将环秦巴山生态资产量化，并在国家指引下，建立省、市、县、镇、村协同的 GEP 核算标准体系，为构建生态资产转换提供科学依据。

一是探索开展生态产品价值核算估算机制。在国家层面，委托科研院所根据秦巴自然生态系统特征，制定一套符合秦巴实情的生态产品目录及其功能测算办法、价格评估标准。为有效支撑市县级 GEP 核算试点工作，建立数据共享和技术合作网络以及包括遥感图像、气象、水利、土壤以及森林碳汇等在内的多源多型数据集合。

二是建设全省生态产品价值实现大数据平台，建立相应的协调机制，整合分散在政府部门、科研机构的农业、气象、水利、林业、遥感、污染物等多源异构数据，建立数据处理和分析模型，推进全省 GEP 核算。构建生态产品质量认证体系，对标国际先进认证标准，建立健全物质化生态产品的质量认证制度，制定生态产品质量认证管理办法，推进"生态标识"认证，不断提升生态产品附加值。

三是建立统一的市、县、镇村级的地方 GEP 核算标准体系。根据试点市、县的核算情况，汇集部门和专家意见，修订出台市、县 GEP 核算办法，研究制定项目、村镇级的 GEP 核算办法，形成生态产品价值核算的地方标准体系。

（二）建立秦巴区域生态资产转换机制

通过秦巴区域生态资产的空间传输流转，实现跨地区供给与使用，平衡生态资产在被使用过程中涉及不同城市、部门等主体利益关系，实现生态资产的有效转换和管理。

推动试行多元化的生态补偿和市场交易机制。结合环秦巴城市地区的功能定位和在生态环境建设中承担的主体功能，建立区域生态补偿机制，按照"谁保护、谁受益"的原则，让那些承担着重要生态保护功能的地区能够共享经济发展的成果，为更长效地解决环秦巴城市地区生态环境问题建立更加有效的激励机制；实施跨省生态环境补偿试点，实现生态财力转移支付全覆盖，启动实施绿色发展财政奖补政策，推行与生态产品质量和价值相挂钩的财政奖补机制；明确各地区在环秦巴山地区生态环境治理中的主体责任分工，在此基础之上，通过地区间碳交易、绿色金融、生态债券、绿色信贷，建立区域性环境权益交易市场等手段，吸引更多社会资本参与秦巴区域的生态建设和环境保护，促进区域生态补偿机制的多元化；在国家层面试点探索环秦巴山地区生态资产和生态系统服务量化的管理体系，为进一步探索更加市场化和多元化的地区间生态补偿机制奠定基础；探索推进水权、排污权、碳排放权等资源有偿使用和市场化交易，建立覆盖省、市、县三级的交易体系，积极建立生态产品交易平台；各地可尝试建立生态信用档案、正负面清单和信用评价机制，将破坏生态环境、超过资源环境承载能力开发等行为纳入失信范围，并与金融信贷、行政审批、医疗保险、社会救助等挂钩。

第三节　产业发展协同

根据秦巴区域自身资源禀赋和产业基础，按照优势互补、错位发展的原则，围绕国家构建两大循环的总体要求，积极推动区域创新发展，构建协同、互补、有序的区域产业分工秩序，形成秦巴区域分区产业准入政策，推进秦巴区域在国家整体产业体系中切实承载起支撑西部发展、激活西部活力的历史使命。

一、推进产业创新发展

（一）构建秦巴区域创新发展共同体

首先，共建技术成果转移转化高地。协同推进绿色循环产业成果转移转化；充分发挥市场和政府作用，打通原始创新向现实生产力转化通道，推动技术成果跨区域转化；加强原始创新成果转化，重点开展新一代高端装备制造、生命健康、绿色技术、新能源等领域科技创新联合攻关，构建开放、协同、高效的共享技术研发平台，实施技术成果应用示范和惠民工程；发挥秦巴区域四大城市群技术交易市场联盟作用，推动技术交易市场互联互通，共建绿色循环发展成果集散中心；依托西安、重庆等地现有科技成果转移转化示范区，建立健全协同联动机制，共建技术成果转移转化高地；打造秦巴区域绿色循环发展技术转移服务平台，实现成果转化项目资金共同投入、技术共同转化、利益共同分享。

其次，共建绿色循环产业创新研发平台。瞄准绿色循环产业前沿和产业制高点，共建多层次绿色循环产业创新大平台；充分发挥创新资源集聚优势，协同推动原始创新、技术创新和产业创新，合力打造秦巴区域绿色循环产业创新共同体，形成具有全国影响力的绿色循环产业创新和研发高地；发挥西安市、重庆市双创示范基地引领作用，加强跨区域双创合作，联合共建秦巴区域绿色循环产业成果孵化基地和双创示范基地。

再次，建立区域一体化农产品展销平台。在秦巴山区设立国家农业（产业）经济绿色发展特区，统筹各省市推进土地规模化经营，制定秦巴山区农业经济绿色发展政策，打造具有"秦巴山脉（山区）"地理标志的农产品商标；加强农产品质量安全追溯体系建设和区域公用品牌、企业品牌、产品品牌等农业品牌创建，构建秦巴农副产品地理标志和品牌效应，建立区域一体化的农产品展销展示平台；深化完善农产品地理标志的认定（认证标准、分类等），制定具体详细的产品清单，实现各地区品牌联动发展。

最后，强化协同发展保障政策支撑。加大政策支持力度，形成推动协同发展的强大合力；研究制定覆盖秦巴山脉全域的全面创新改革试验方案；建立一体化人才保障服务标准，实行人才评价标准互认制度，允许地方高校按照国家有关规定自主开展人才引进和职称评定；加强秦巴区域知识产权联合保护；支持地方探索建立区域创新收益共享机制，鼓励设立产业投资、创业投资、股权投资、科技创新、科技成果转化引导基金。

（二）构建绿色循环产业布局体系

1. 区域层面错位形成优势产业布局体系

各城市群产业错位布局，中心城市重点布局总部经济、研发设计、高端制造、销售等产业链环节，大力发展创新经济、服务经济、绿色经济，加快推动一般制造业转移，打造具有区域竞争力的产业创新高地。

关中平原城市群协同发展区以兰州为协同发展重点城市，以西安、宝鸡、天水为核心，重点发展新一代信息技术、高端装备制造、新材料、生物医药等产业；中原城市群协同发展区以郑州市为协同发展重点城市，以洛阳市为核心，重点发展新一代信息技术、高端装备制造、新材料、生物医药、新能源汽车、数字创意等产业；成渝城市群协同发展区以成都为协同发展重点城市，以重庆为核心，重点发展新一代信息技术、高端装备制造、新材料、生物医药、新能源、新能源汽车、节能环保、数字创意等产业；武汉都市圈与长江中游城市群协同发展区，以武汉为协同发展重点城市，以襄阳为核心，重点发展新一代信息技术、高端装备制造、生物医药、新能源汽车、节能环保、数字创意等产业。

（1）加强省际产业合作，有序推动产业跨区域转移和生产要素双向流动。推广园区合作开发管理模式，提升合作园区开发建设和管理水平。支持建设一批省际合作园区，推动产业深度对接、集群发展。

（2）共同推动制造业高质量发展。制定实施秦巴区域制造业协同发展规划，全面提升制造业发展水平，按照集群化发展方向，打造先进制造业集聚区。围绕生物医药、航空航天、高端装备、新材料、节能环保、汽车、绿色化工、纺织服装等领域，强化区域优势产业协作，推动传统产业升级改造，建设一批国家级绿色循环产业基地。聚焦集成电路、物联网、大数据、人工智能、新能源汽车、生命健康、大飞机、智能制造等重点领域，加快发展新能源、智能汽车、新一代移动通信产业，延伸机器人、集成电路产业链，培育一批具有区域竞争力的龙头企业。协同川陕两地，打造国家航空工业集聚地，建设国内领先、航空主题鲜明的集约程度高、创新能力强、技术水平高、产品质量优、规模效益好、公共服务体系完善的国家新型工业化产业示范基地。

（3）合力发展高端服务经济。加快服务业服务内容、业态和商业模式创新，共同培育高端服务品牌，增强服务经济发展新动能。围绕现代金融、现代物流、科技服务、软件和信息服务、电子商务、文化创意、体育服务、人力资源服务、智慧健康养老等服务业，联合打造一批高水平服务业集聚区和创新平台。在研发设计、供应链服务、检验检测、全球维修、总集成总承包、市场营销、制造数字化服务、工业互联网、绿色节能等领域，大力推动服务业跨界发展。在旅游、养老等领域探索跨区域合作新模式，提高文化教育、医疗保健、养老安老等资源的供给质量和供给效率。积极开展区域品牌提升行动，协同推进服务标准化建设，打造一批展示秦巴区域服务形象的高端服务品牌。

2. 秦巴腹地层面引导产业合理布局

坚持市场机制主导和产业政策引导相结合，完善秦巴区域产业政策，强化产业集聚能力，推动产业结构升级，优化重点产业布局和统筹发展；支持秦巴山脉腹地城市重点发展现代农业、文化旅游、大健康、医药产业、农产品加工等特色产业及配套产业；充分发挥腹地城市绿色农产品综合优势，实施现代农业提升工程，建设秦巴区域绿色农产品生产加工供应基地。

针对秦巴山区内与生态环境保护矛盾较大的工矿企业，在严格执行国家相关环保标准的前提下，引导秦巴山脉腹地高能耗、高排放和资源依赖型的矿产开发、能源、冶金、建材和化工行业等企业逐步退出、迁移，引导山区腹地工矿企业向山区周边城镇迁移，引导既有工矿企业向园区集聚，引导既有工矿企业以产业集群方式搭载链条化集聚板块，形成以园区为平台的产业体系平台。整理形成陇南农副产品加工板块、陇南有色金属加工板块、广元电子信息板块、川北油气化工集群、绵阳高新产业板块、渝北盐气化板块、渝东北轻纺制药板块、十堰汽车装备制造板块、襄西食品加工板块、栾川钼矿开采板块、汉中航空产业板块、安康生物医药板块、商洛新能源产业板块等多个工矿生产集聚区。最终形成以围绕在秦巴山脉腹地周边呈环状布局的工矿生产板块集聚环为主，以十天高速沿线绿色新型工业生产板块集聚带为辅的"一环一带"的生产空间格局。

3. 健全农业产业发展机制

目前秦巴山脉腹地区域内主要以传统的低效农业为主，且普遍存在专业化、集约化水平不高，综合效益低下，资源消耗过大等问题。未来，在支持促进农业现代化发展的同时，还应结合秦巴山脉腹地的生态保护要求，在确保生态环境不受影响破坏的基础上，培育发展特色经济林果、林下经济、休闲农林业等，并严格管控畜牧业的发展。

由农业农村部出台相应文件，切实加强宏观指引与政策支持，全面促进农业高质量发展。严格实施耕地保护制度，加强对秦巴山脉腹地内部零散耕地的管控，避免秦巴山脉腹地内耕地的随意开垦对生态环境的破坏。同时加强对土棚等农业设施的管控，制定实施"秦巴区域农村建筑垃圾管理办法"，避免相关农业设施及建筑垃圾等给生态环境及乡村人居环境带来的负面影响。此外，加强农村面源污染防治意识，控制畜牧养殖污染及废弃物污染等，加大农村环境治理力度，避免以牺牲生态环境为代价的农业发展。

逐步完善相应的法规政策体系，促进引导农药化肥等的科学使用，鼓励支持农业废弃物资源化利用，加强污染物的无害化处理，推广普及沼气等可再生能源利用，完善垃圾处理和污水处理设施等。

二、构建城市群协同模式

秦巴区域的产业协同发展模式以关中平原城市群、中原城市群、成渝城市群以及武汉都市圈为基本模块。在城市群内部形成以西安市、郑州市、成都市、重庆市等中心城市为核心，带动秦巴山区其他城市协同发展的产业发展模式。

（一）关中平原城市群的产业协同发展

秦巴区域关中平原城市群包括西安市、宝鸡市、渭南市、商洛市、运城市、天水市、平凉市和庆阳市等，其中西安市为该区域中心城市。该城市群应以市场为导向，发挥产业优势，促进结构调整，延长产业链条，加强配套分工，推动产业升级，形成产业集群，构筑若干特色优势产业基地（表 7-3）。

表 7-3　关中平原城市群内主要城市主导产业方向

城市	主导产业方向	具有协同发展潜力的产业
西安市	能源化工、有色冶金、食品加工、新能源汽车、航空航天、能源装备、新材料、集成电路、智能终端、现代服务业等	航空航天产业、装备制造产业、文化旅游产业、现代服务产业
宝鸡市	有色金属冶炼及加工、汽车及零配件、新能源汽车、机床工具、铁路及石油装备、电子电器等	
渭南市	清洁能源化工、装备制造、高端食品医药、绿色冶金建材、新能源汽车、光电产业	
天水市	农牧产业、能源矿产、装备制造、文化旅游、现代服务	
商洛市	现代材料、现代中药、绿色食品、新材料、新能源、先进制造、电子信息、现代服务业	

经过对关中平原城市群内主要城市现状主导产业的研究分析，可知该城市群具有协同发展潜力的产业为航空航天产业、装备制造产业、文化旅游产业以及现代服务产业。

（1）在航空航天产业方面，依托西安阎良国家航空高技术产业基地，重点发展大型运输机、涡桨支线飞机、通用飞机等主干产业，航空发动机及配套产业、机载系统等分支产业，航空关键部件、专用设备、维修业务等配套产业；

加快新舟系列飞机产业化、大型飞机零部件生产及服务外包；以西安国家民用航天产业基地为载体，重点培育和发展航天运载动力产业集群、卫星及卫星应用产业集群。

（2）在装备制造产业方面，以西安、咸阳、宝鸡、天水为集中布局区域，加强重点产业集群建设，强化区域整体实力和竞争能力，全面提升重大装备制造水平；重点发展数控机床、汽车、特高压输变电设备、电子及通信设备、工程机械和特种专用设备、太阳能电池等产业。加快企业优化重组和战略性调整，打造一批主业突出、技术领先、管理先进、具有核心竞争力的装备制造企业集团。

（3）在文化旅游产业方面，发挥该地区历史源远流长、文化积淀深厚的优势，积极发掘历史文化遗产，传承和创新秦风唐韵、佛道宗教等历史文化；大力弘扬现代文化，发展广播影视业、新闻出版业、文娱演出业和创意产业；构建一批文化产业基地，壮大一批名牌文化企业，培育陕西作家群、唐乐舞系列、长安画派等现代文化品牌；以西安为中心，加快旅游资源整合，大力发展历史人文旅游、自然生态旅游、红色旅游和休闲度假旅游；加强精品旅游景区和精品旅游线路建设，完善配套设施和服务功能，提升旅游资源产业化经营水平；加强旅游管理机制创新，大力发展旅游经济，把经济区建设成为国际一流的旅游目的地。

（4）在现代服务产业方面，大力发展现代物流业，进一步加大物流基础设施建设力度，加快西安国际港务区、西咸新区空港新城、宝鸡陈仓、商洛、天水秦州和麦积等重点物流园区项目建设；充分发挥西安作为国家级物流节点城市的辐射带动作用，积极研究设立西安陆港型综合保税区，着力打造在国内有重要影响的内陆港口岸和亚欧大陆桥上重要的现代物流中心，逐步形成区域一体化的物流新格局；加强城乡商业网点和农副产品交易中心、批发市场建设，培育大型流通骨干企业；加强农村流通基础设施建设；发展壮大金融、会展业；积极发展各类金融机构，创新融资方式，着力打造西安区域性金融中心；以欧亚经济论坛、中国东西部合作与投资贸易洽谈会、中国国际通用航空大会为龙头，进一步整合会展资源，完善西安曲江国际会展中心等会展平台服务功能，建设以西安为中心的会展经济圈。

（二）中原城市群的产业协同发展

秦巴区域中原城市群包括郑州市、洛阳市、平顶山市、南阳市和三门峡市等，其中郑州市为该区域中心城市。中原城市群应突出新兴产业和新业态培育、传统产业转型升级、产业深度融合创新，有序承接产业转移，引导产业集群发展，构建优势互补、协作紧密、联动发展的现代产业体系（表7-4）。

表 7-4   中原城市群内主要城市主导产业方向

城市	主导产业方向	具有协同发展潜力的产业
郑州市	电子信息、汽车、装备制造、现代食品制造、铝加工制品、新型材料	先进制造业、战略性新兴产业、现代服务业
洛阳市	先进装备制造、高端石化、有色金属、电子信息、现代服务业	
平顶山市	生物医药、装备制造、机绣纺织、煤炭焦化、陶瓷、阀门制造等	
南阳市	先进装备制造、汽车及零部件、光电电子信息、生物能源、新材料、石油化工	
三门峡市	铝及铝精深加工、先进装备制造、新能源、果品加工产业	

经过对中原城市群内主要城市现状主导产业的研究分析，可知该城市群内具有协同发展潜力的产业为先进制造业、战略性新兴产业、现代服务业。

（1）壮大先进制造业集群。以提高制造业基础能力和创新能力为重点，推进信息技术与制造技术深度融合，加强产业分工协作，促进产业链上下游深度合作，在电子信息、高端装备制造等领域推动新型工业化产业示范基地建设，努力打造具有国际竞争力的优势产业集群，在部分领域引领全国先进制造业发展。加大钢铁、冶金、化工、建材、原材料等传统支柱产业的绿色改造升级和落后过剩产能淘汰力度，打造具有全球竞争力的精品原材料等产业基地。推动大数据、互联网、云计算、物联网等新一代信息技术对传统制造企业的改造，加快产品和技术的升级换代。开展智能制造示范行动，在重点领域推进智能制造、大规模个性化定制、网络协同制造和服务型制造，建设一批智能工厂和数字化车间。

（2）培育战略性新兴产业集群。瞄准技术前沿，把握产业变革方向，充分发挥郑州、洛阳、南阳、平顶山等城市创新优势和国家高技术产业基地引领带动作用，加强统筹布局和分工协作，联合打造一批创新园区和战略性新兴产业基地，突破产业链关键技术，研究发展全产业链、全生命周期、全溯源链的计量测试技术，加快培育形成生物医药、先进材料、机器人、新能源、新能源汽车等产业集群。

（3）加快发展现代服务业。以促进产业转型升级和提高分工效率为导向，重点发展现代物流、现代金融、商务服务、研发设计、信息与软件服务等行业，加快发展服务外包产业，推动生产性服务业进一步细化专业分工，提升专业化水平。以提升便利化、精细化、品质化水平为导向，加快发展与人民生活密切相关的旅游、文化、现代商贸、健康养老等领域，丰富生活服务业供给。充分发挥各类服务业试点示范的引领带动作用，探索完善促进服务业加快发展的体制机制。

（三）成渝城市群的产业协同发展

秦巴区域成渝城市群包括重庆市、成都市、达州市、巴中市、广元市、绵阳市和南充市等，其中重庆市、成都市为该区域中心城市。协同发展应推动产业结构优化升级，走新型工业化道路，提升服务业发展水平，建成特色鲜明、优势突出、具有竞争力的现代产业基地（表7-5）。

表 7-5　成渝城市群内主要城市主导产业方向

城市	主导产业方向	具有协同发展潜力的产业
重庆市	医药化工、装备制造、轻纺及劳动密集型工业、电子制造、材料工业、汽车与摩托车制造	装备制造业、汽车与摩托车制造业、化工产业、医药产业
成都市	电子信息、机械（含汽车、航空航天）、食品（含烟草）、医药、冶金建材、石油化工	
达州市	天然气和磷硫化工、冶金建材、农产品加工基地	
巴中市	新能源、新材料、机械制造、纺织服装、食品医药、现代服务	
广元市	电子信息、装备制造、食品加工、能源化工、先进材料	
绵阳市	电子信息、科研生产基地	
南充市	石油天然气精细化工、汽车及零部件、轻纺服装、有机农产品加工、能源基地和商贸物流中心	

经过对成渝城市群内主要城市现状主导产业的研究分析，可知该城市群内具有协同发展潜力的产业为装备制造业、汽车与摩托车制造业、化工产业及医药产业。

（1）在装备制造业方面，按照加强研发、分工协作、促进集聚、提升水平的原则，加强重大装备的研发和制造，提升关键零部件配套、加工和集成水平，提高自主创新和产业配套能力，加快建设全国重要的重大装备制造业基地；积极推进布局调整，形成以重庆和成都为中心，沿长江集聚发展的空间格局；充分发挥重庆、成都产业集聚作用，重点建设新能源装备、轨道交通车辆配套设备、工程机械等一批技术水平高、带动能力强、发展基础好的产业；充分发挥长江黄金水道优势和大件运输通道作用，在长江和成都、绵阳沿线集中布局重型机械、仪器仪表、航空航天、船舶配套设备、大中型发电及输变电设备、环保成套设备等产业。

（2）在汽车与摩托车制造业方面，立足现有基础，提升自主品牌，加强协作配套，推进产业集群，建设全国重要的汽车与摩托车整车及零部件生产研发基地，形成以重庆、成都为主体，周边地区协作配套的发展格局。重庆重点发展乘用车、商用车、专用车和摩托车的研发生产，积极推进新能源汽车的研发和生产，提升和完善产业链，形成比较完备的整车、发动机和零部件研发生产体系，建成中国汽车名城和摩托车之都；在成都重点发展乘用车、商用车研发和生产；南充、达州主要发展汽车零部件生产。

（3）在化工产业方面，依托丰富的天然气和磷、盐卤资源，按照循环经济发展要求，突破关键技术，提升发展水平，重点发展二苯基甲烷二异氰酸酯一体化、乙烯及下游产品、芳烃及下游产品、天然气精细化工、盐化工、磷化工等，建设国家重要的化工基地；优化产业布局，推动化工产业向沿江和资源富集地区聚集，在资源富集的南充、达州等地发展特色化工产业。

（4）在医药产业方面，充分利用现有基础，加快医药产业发展，建立以生物制药为重点、化学原料制药为基础、道地药材为特色的产业体系；大力发展生物制药，加强重大发酵药品、基因工程药物和疫苗、生物加工药物关键技术的研发，促进产业化，在重庆、成都建设重要的生物医药产业基地；加强化学原料药研发和生产，调整药品产业结构，促进规模经营，建立药品交易市场。

（四）武汉都市圈的产业协同发展

秦巴区域武汉都市圈包括武汉市、十堰市、襄阳市等，其中武汉市为该区域中心城市。协同发展应依托产业基础，发挥比较优势，强化分工协作，联合开展科技创新，加快产业转型升级，淘汰落后过剩产能，共同承接产业转移，不断提升产业和产品竞争力，打造一批有较强竞争力的优势产业基地，构建具有区域特色的现代产业体系（表7-6）。

表7-6   武汉都市圈内主要城市主导产业方向

城市	主导产业方向	具有协同发展潜力的产业
武汉市	先进制造、战略性新兴产业、现代服务业、现代都市农业	
十堰市	汽车及零部件制造、文化旅游、新能源、绿色有机农产品加工、现代服务业、智能装备制造、生物制造、新材料	装备制造业、汽车产业、现代农业
襄阳市	汽车及零部件制造、医药产业、装备制造、农产品深加工	

经过对武汉都市圈内主要城市现状主导产业的研究分析，可知该城市群内具有协同发展潜力的产业为装备制造业、汽车产业、现代农业。

（1）在装备制造业方面，以武汉、襄阳等为重点，围绕装备制造业技术自主化、制造柔性化、设备成套化、服务网络化开展合作，着力提高装备设计、制造和集成能力，大力发展绿色制造，大幅度提高产品档次、技术含量和附加值，促进装备制造业结构优化，共同打造具有世界影响力的装备制造产业基地。加强区域协作，联合研发生产重型和超重型机床设备，进一步增强企业活力。支持有自主品牌的龙头企业继续做大做强，更广泛地开辟国内外市场。

（2）在汽车产业方面，引导武汉、襄阳等地开展汽车产业合作与企业重组，建立汽车产业联盟，共同研发汽车关键技术和节能、环保、安全新产品，构建配套协作、体系完整的汽车及零部件产业链，打造全国重要的汽车产业基地。以武汉、襄阳等为依托，发展铁路运输设备制造、城市轨道交通设备制造。

（3）在现代农业方面，依据资源禀赋、产业基础和市场前景，积极推广新品种和新技术，合作构建一批优势农产品产业带，建设高产、优质、高效的粮棉油肉蛋菜果和水产品、林产品等基地。鼓励和支持运用各种生态生产方式，减少化学农药和肥料使用量，扶持无公害、绿色、有机农产品生产，完善农产品生产、加工、包装、储运标准和技术规范。支持农产品申报地理标志和注册商标，健全食品质量安全检测检验体系。积极发展绿茶、油茶和绿色食品，大力发展食品加工业，打造绿色食品产业集群。积极支持食品、农产品出口基地建设。

三、建立产业准入机制

（1）建立秦巴山脉区域产业分区准入机制。结合秦巴山区国土空间规划及相关生态保护规划中所规定的国土空间用途管制分区，制定秦巴山区产业准入正面清单目录（表7-7）、秦巴山区产业准入负面清单目录（表7-8），坚持生态优先、绿色发展导向的要求，严守生态保护红线。在全国市场准入负面清单、主体功能区产业准入负面清单等上做加法，按照秦巴山区生态环境保护实际对落实《产业结构调整目录》《绿色产业指导目录》提出更严格要求，结合国土空间用途管制分区，在生态环境重点保护区，以及以生态保护为主要责任的高生态敏感性的发展严控区内实行产业准入正面清单，实行最严格的产业准入标准，目录之外的产业、项目不得进入。同时加强对各类开发建设活动的管控，建立健全正面清单实施情况监督检查机制。在生态环境一般保护区、生态敏感性和生态价值略低的发展提升区，实行产业准入负面清单。秦巴山区范围内的国家公园、自然保护区、饮用水水源保护区、天然林、文物保护单位等保护单元的管控要求，依照相关法律、法规、规定、规划执行。对于生态重要性和敏感性较低，生态承载力较高的发展提升区，应注重生态环境保护和重塑，增加森林覆盖率和植被覆盖度，降低工业生产和居住生活的污染物排放量，注重产业转型，逐步将支柱产业从第二产业调整过渡为第三产业，尽量避免城市建设用地的过度扩展，集约高效使用已开发建设的土地。

表 7-7 产业准入清单（允许目录）

序号	类别	具体内容	主管部门
1	林业	防护林工程，天然林等自然资源保护工程，森林抚育、低质低效林改造工程	林业主管部门
		国家储备林建设、特色经济林建设、碳汇林建设、植树种草工程及林草种苗工程	
		退耕还林还草、退牧还草及天然草原植被恢复工程	
		经济林产业、苗木花卉产业、木本油料产业、速生丰产林产业、林下经济产业、中药材产业	
		国有林区、林场基础设施及能力建设	
		鼓励在二十五度以下的坡耕地进行退耕还林还草	
2	农林牧渔专业及辅助性活动	森林、草原灾害综合治理	林业主管部门、农业农村主管部门
		重大病虫害及动物疫病防治	
		动植物（含野生）优良品种选育、繁育、保种和开发	
		农、林作物、畜禽和渔业种质资源保护地、保护区建设，动植物种质资源收集、保存、鉴定、开发与应用	
3	电力、热力生产和供应业	依据规划进行的 110 千伏以下电力基础保障设施建设项目	能源主管部门
4	水资源生产和供应业	农村安全饮水工程	水利部门
		城乡供水水源工程	
		农业灌溉、生态补水水源工程	
5	土木工程建筑业	国家级、省级历史文化名城（镇、村）和历史文化街区	住建部门
		传统村落保护	
		建筑工程节能生态项目	
		经批准的实用性村庄规划所确定的村镇建设	
6	文化旅游服务业	开办农家乐、民宿应避开饮用水水源保护区、地质灾害隐患点范围	文化旅游主管部门、市场监督管理部门、卫生健康主管部门
		开办农家乐、民宿不得占用耕地、林地、河道、公路用地及公路建筑控制区	
7	水利管理业	江河湖堤防建设及河道治理工程、山洪灾害防治措施、山洪沟治理工程	水利主管部门
		病险水库除险加固工程	
		跨流域调水工程	
		水文站网基础设施以及水文水资源监测能力建设	
		水土流失监测点建设	
		水土保持实验研究	
8	生态保护和环境治理业	森林、野生动植物、湿地等自然保护区建设及生态示范工程	林业主管部门
		湿地修复、栖息地修复、水源涵养林生态保护	
		珍稀濒危野生动植物和古树名木保护工程	
		科学研究观测调查	
		水生态系统及地下水保护与修复工程	生态环境主管部门、水利主管部门
		水源地保护工程	

续表

序号	类别	具体内容	主管部门
8	生态保护和环境治理业	水土流失监测预报自动化系统开发与应用	水利主管部门
		灌区及配套设施建设、改造	
		水土流失综合治理工程	
		生态清洁型小流域建设及面源污染防治	
		自动环境质量监测站（点）设置	生态环境主管部门、能源主管部门
		沼气、太阳能等清洁能源项目	
		统一规划的生活垃圾处理、污水处理和收集排放等设施	住建部门
		矿山生态修复、矿山地质环境治理	自然资源主管部门
		地质灾害综合治理	
		人工影响天气设施建设	气象主管部门
		针对地方特色经济农林产业开展农业气象实验	
		生态气象监测站（点）设置	
9	公共设施管理业	国家公园、自然保护区等自然保护地以及植物园等保护单位基础设施及能力建设	文化旅游主管部门、林业主管部门、其他相关部门
		依法批准的旅游景区内开展生态旅游、建设旅游项目	
		旅游基础设施建设应当符合秦岭生态环境保护规划、旅游景区规划、旅游景区生态环境保护方案等要求，依法办理审批手续	
		在旅游景区规划建设索道、滑道、滑雪（草）场项目的，应当依法先进行环境影响评价，报省人民政府审定	
		旅游景区、景点公共卫生管理，生活垃圾、生活污水处理项目，景区、景点清洁能源项目，旅游观光车及其他服务设施建设	
10	铁路运输业、道路运输业	公路、铁路的规划、建设、养护及管理，按照法律法规的规定执行	交通主管部门
11	其他	实施能源、交通、水利、国防、通信等重大基础设施建设和战略性矿产资源勘查项目，应当依法进行环境影响评价，报省人民政府审定	其他相关部门

表 7-8　产业准入清单（禁止目录）

序号	类别	具体内容	主管部门
1	农业	禁止在秦岭二十五度以上陡坡地开垦种植农作物	水利主管部门、农业农村主管部门
2	林业、畜牧业	封山育林、禁牧区域内禁止以下行为：开垦、采石、采砂、取土；采脂、割漆、剥皮、挖根及其他毁林行为；放养牛、羊等食草动物；损坏、擅自移动界桩、围栏和标牌；法律、法规禁止的其他行为	林业主管部门
3	畜牧业	在秦岭范围内，禁止以下危害动植物的行为：非法猎捕、杀害、采集国家和省重点保护的野生动植物，破坏国家和省重点保护野生动植物栖息地、保护地及其环境；在国家和省重点保护的野生动物栖息地使用污染其生息环境的农药；使用非法工具或者非法方法猎捕其他野生动物；损坏保护设施和保护标志；非法引进、放归外来物种，随意放生野生动物；法律法规禁止的其他危害野生动植物的行为	林业主管部门

序号	类别	具体内容	主管部门
4	黑色金属矿采选业、有色金属矿采选业、非金属矿采选业	禁止在秦岭主梁以北的秦岭范围内开山采石	自然资源主管部门
		禁止矿产资源开发企业采用国家明令淘汰的落后的工艺、技术和设备	
		已建成矿产资源开发项目采用淘汰的落后的工艺、技术和设备的，由县级以上人民政府依照管理权限责令限期改造、停产或者关闭	
		禁止在河流两岸，铁路、公路和重要旅游线路两侧直观可视范围内，进行露天开采石材石料等非金属矿产资源的行为	
5	道路运输业	禁止使用不符合国家规定防污条件的运载工具，运载油类、粪便等污染物和有毒、有害物质通过饮用水地表水水源保护区	文化旅游主管部门、市场监督管理部门、卫生健康主管部门
		禁止运输危险化学品的车辆通过饮用水地表水水源保护区	
6	电力、热力生产和供应业	一般保护区原则上不再新建小水电站项目	水利主管部门
		一般保护区已有小水电项目，应当依法依规限期整治或者退出、拆除，恢复生态	
7	生态保护和环境治理业	在秦岭的河道、湖泊管理范围内，禁止围河（湖）造田，违规修建房屋等建筑物（构筑物）、存放物料，擅自搭建设置旅游、渔业设施；禁止堆放、倾倒、掩埋、排放污染水体的物体；禁止其他危害河岸堤防安全及影响行洪安全的行为	林业主管部门
8	其他	按照国家和各省规定，淘汰高污染、高耗能、高排放落后产能	相关部门

（2）加强动态监控及监督管理。按照产业准入清单的管理要求，利用遥感技术及环境监测技术等，对不同用途管制区的产业发展实行动态监控，重点监测区域内的各类生态系统、污染物排放量等变化情况，明确环境质量考核数据指标（表7-9），对产业准入清单的实施进行动态评估及调整。同时，由生态环境部和各省市人民政府对秦巴山脉区域内各区县的产业准入清单执行情况进行监督检查，并开展实施成效评估，确保产业准入清单实施成效。

表 7-9　环境质量考核数据指标表

序号	指标	单位
1	二氧化硫（SO_2）排放量	千克
2	二氧化硫排放强度	千克/米^2
3	化学需氧量（chemical oxygen demand，COD）排放量	千克
4	化学需氧量排放强度	千克/米^2
5	固体废弃物排放量	千克
6	固废排放强度	千克/米^2
7	工业污染源监测频次	次
8	工业污染源监测达标频次	次
9	污水集中处理设施监测频次	次
10	污染源排放达标率	
11	达到或优于Ⅲ类水质达标率	
12	优良以上空气质量达标率	

第四节　基础设施协同

区域交通和基础设施建设是大尺度区域协同发展的重要内容和基础平台。秦巴区域因其特殊的生态价值和生态敏感性，需要首先明确区域交通建设的基本原则，进而在区域交通网络构建、通达度提升等方面提出互联互通总体方略。

一、推进交通一体化

（1）建立"国家领衔、区域协调"的区域交通一体化协作机制。国家统筹协调重大交通设施建设，从区域层面科学选线布局，秦巴区域各地交通规划积极与国家选线布局进行对接。发挥各个地区以及各种运输方式的比较优势和组合效率，在交通布局、设施配置等方面相互协调。建立区域综合交通运输体系发展协作机制，打破区域分割与行业壁垒，重点开展综合交通运输体系规划、政策标准以及重大项目建设等领域的沟通与协调。将秦巴区域重大交通设施建设工程纳入国家国民经济和社会发展规划重点项目库中，开辟"绿色通道"，提高审批效率，安排项目建设基金，为重大项目开工建设创造有利条件。

（2）建立区域交通规划协调的工作机制。依据区域交通设施隶属的不同区域、协调难度以及影响范围，建立多层次、多主体协同的工作机制，包括省际合作、省内合作、中心城市为主体三种类型。建立区域交通协调办公室，定期沟通区域重大交通基础设施，对区域重大交通设施的选址、功能、建设时序、共建共享等进行沟通。建立交通基础设施项目库，统筹考虑项目库中项目建设时序，分别纳入各地"十四五"规划项目库中。定期考核项目实施情况，及时调整区域交通规划方案。

各区域交通基础设施规划、设计、施工、运营及养护过程中，要按照高标准落实环境保护与资源节约要求，严格按照生态环保要求选线与设计，建设前开展生态环境影响评估与生态地质环境安全性评估工作，尽量避免对秦巴山体进行不必要的开山凿洞，将对秦巴生态环境的影响降到最低。

二、建立环线交通体系

结合区域交通设施布局，以及秦巴山脉的既有人居点、资源分布等情况，引导建立区域大环线+内部小环线的一体化综合交通体系。

首先，打通瓶颈路段，增加高速公路连接线，构建区域大环线。在现有交通主干网络基础上，以四大城市群为枢纽，形成"簇轴"式一体化布局，加强四大城市群与周边低线城市和农村地区的互联互通，着力改变目前单中心辐射型的交通路网体系，对外打造便捷的快进快出主通道。避开生态廊道，整合区域过境交通体系与基础设施建设。梳理秦巴山脉地区的现有交通体系与生态廊道的冲突点并对其进行优化，在整合现有的交通网络及确定新的交通道路选线时，在不阻断或至少一定程度保障生态廊道连贯的基础上，构建省域、市域间快速交通廊道，打通重要通道的瓶颈路段，加快提升 G5 广元—川陕、G85 巴中—重庆、G70 福银高速、G108 国道等路段的通行能力，增加高速公路连接线，建立区域交通大环线，保证秦巴山区之间高效通达。

其次，逐步建设旅游小火车，促进区域旅游资源一体化协同发展。秦巴区域内部可借鉴阿尔卑斯山、落基山等地区的国际经验，结合秦巴山不同区域不同类型的生态旅游资源，规划建设以步道、骑行和景区专用公共交通等绿色交通方式为主、安全通畅的慢行交通微循环系统，最大限度地减轻对生态环境的影响。其一，秦巴山区可主推旅游小火车，以观光游览为主，连接秦岭各个国家公园、旅游景区等，火车采用光伏发电作为动力，无噪声、无废气排放，成为秦巴区域的旅游标志。其二，依托秦巴地区的古道体系，构建风景道与国家步道。古道系统可以作为自然山水与历史文化相结合的特殊体，串联整个秦巴地区，是自然价值与文化价值的共同体现。依托古道体系，可以构建连通城市与自然保护地之间的自驾游的风景道及建立适合徒步、骑行的国家步道，依托秦巴古道沿线的各类文化与自然遗产节点，形成秦巴地区特色的可供游憩的遗产廊道。

最后，短里程开通隧道，解决秦巴腹地河谷型城镇交通不畅问题。秦巴山区腹地的河谷型小城镇，多存在对外交通不便以及带状交通组织所导致的交通拥堵问题。第一，可在局部小范围短里程内进行隧道开通形成对外通道，与内部交通形成环线；第二，依托带状组团功能区划，打造一体化交通格局，实施公交导向的土地利用策略，根据带状城市各组团间路网情况，打通断头路，形成内部环线；第三，利用河流水系与山体条件，打造慢行交通体系。依据内部支流水系等设置慢行休闲廊道，串联城镇内部公园、广场等。

三、加强交通协同管治

秦巴各省市区域间存在行政区界线处交通无人管理及道路被大型货运车损坏路面、市民跨区域公共交通不畅等问题。鉴于此，第一，建立区域交通运营协调管理机制，推动交通运输管理服务信息互动，省市一级设置交通智慧管控平台，区县建立交通运行调度指挥中心，整合管辖区域内部与交通相关的所有数据资源，并与市级平台协调联动和资源共享，支持区域路况信息的处理分析，实现精细化交通管控，并在交接处设置红外摄像检查点，实现省际、区县之间双向管控；第二，推进区域交通设施联乘机制，将秦巴各省市间公交一卡通系统进行无缝连接，努力推行秦巴交通一卡通，打破行政区划的封闭界限限制，实现不同类型一卡通系统的技术互通、结算互认、信息互联，并实现跨区域乘坐交通优惠政策。

四、建设区域旅游路线

依据秦巴区域旅游资源特色，打造八条精品旅游线路：大秦岭国际精品游线、红色旅游精品游线、大巴山精品环线、三国文化精品游线、嘉陵江精品游线、长江（上游）游线、汉江精品游线以及南水北调工程精品游线。

大秦岭国际精品游线：山西—渭南—西安—宁陕—汉中—广元—绵阳—成都。陕西段：晋陕界—韩城市—合阳县—蒲城县—富平县—阎良区—高陵区—西安市—鄠邑区—宁陕县—洋县—城固县—汉中市—勉县—宁强县—陕川界。

红色旅游精品游线：成都—广元—汉中（南郑）—巴中—通江—万源—宣汉—达州—大竹—广安—南充—南部—阆中（—仪陇）—广安—华蓥—潼南—铜梁—江津—重庆。

大巴山精品环线：成都—广元—朝天—宁强—汉中—故城—西乡—镇巴—万源—宣汉—达州—南充—成都。

三国文化精品游线：成都—绵竹—罗江—绵阳—梓潼—剑门关—广元—汉中—巴中—阆中—南充—成都。

嘉陵江精品游线：陇南—汉中—宁强—广元—苍溪—阆中—南部—蓬安—南充—广安—武胜—潼南—合川—北碚—重庆。

长江（上游）游线：乐山—宜宾—泸州—江津—重庆主城区—万州—云阳—奉节（巫溪）—巫山—巴东—神农架。

汉江精品游线：勉县—汉台区（汉中）—城固县—洋县—石泉县—汉阴县—紫阳县—汉滨区（安康）—旬阳市—白河县—郧西县—丹江口—襄阳市。

南水北调工程精品游线：十堰（丹江口—郧县—张湾区—郧西县）—三门峡（—卢氏县）—南阳（—淅川县）—平顶山（—许昌—郑州—石家庄—保定—北京）。

五、推进基础设施协同

首先，构建"主网+散点"的5G新一代信息基础设施布局体系。在秦巴区域城市开展5G规模组网试验，秦巴腹地城市、腹地乡镇以及人口1000人以上的行政村实现5G覆盖。5G规划应通盘考虑网络架构、站址布局，在主网覆盖城镇群+散点布局的网络结构基础上逐步开展建设。第一，5G基站规划布局应当考虑资源整合与共享共建，由中国铁塔股份有限公司统一对存量站址资源进行统筹安排，在满足基本技术指标的前提下，将需求站址进行有效整合，避免资源浪费与重复规划等问题；第二，将5G布局规划纳入规划管理体系，出台秦巴通信扶持政策，从政策上鼓励社会公共资源开放与共享，在专项规划、电力保障、监控杆、土地审批等方面给予政策支持，推动 5G 网络发展；第三，推行基站与建设项目同步规划、设计与建设，积极与施工方同步对接，同步投入使用；第四，基站建设应与秦巴环境协调一致，推行景观塔，考虑与天际线相协调，可对基站铁塔、抱杆、天面进行美化。

其次，构建秦巴区域智慧管控设施系统。①建立秦巴区域物理监测设备网络系统。区域协同搭建各种信息传感设备（包括速度传感器、温度传感器、气敏传感器、位置传感器、光敏传感器等）、信息识别扫描设备等，与物联网结合起来，组成巨大的网络。通过物理监测网络，将各种物理设备在无人工干预的情况下实现协同和互动，方便秦巴区域管理与控制。②在秦巴生态敏感度高的景区、重要的旅游资源点等处增设红外线监测仪，有效监测游客容量、实时温度、天气状况、大气污染情况、事故风险等，对景区管理进行动态监控，同时可为游客及时提供景区信息，随时了解游览资讯。③建立秦巴重点区域无人机巡视系统，进行基础设施运转巡检、物流传输、高空监视、安全管理等方面监控任务，确保城市安全及正常运转。可建立秦巴无人机智慧森林防火应用体系、电力巡查体系、警用安防体系、交通监视系统等。

再次，建立环境低影响的环卫设施系统。严格管控秦巴山区垃圾收集与转运系统，秦巴山区配放垃圾收集站，实现定点转运。对于转运距离过大的区域，设立临时垃圾收集站。山区生活垃圾的收集逐步实行容器化、密闭化。力争实行袋装化收集，并逐步实行分类收集。生活垃圾收集后，运往垃圾卫生填埋场集中处理，逐步实现生活垃圾无害化处理率 100%。选择建造公共厕所的地点应因地制宜、合理规划，公厕的设计建造应达到《城市公共厕所设计标准》（CJJ 14—2016）的要求，旅游区公共厕所应逐步达到星级旅游厕所的标准。公共厕所建筑形式与周围景观环境相协调，并逐步改造为无水生态公厕和可移动式厕所。成规模的游览设施的粪便处理逐步纳入城市生活污水收集处理系统，进入城市污水处理厂进行无害化处理。

最后，建立分区管理的污水处理设施体系。对秦巴区域进行水环境保护功能区划分，结合水功能区进行污水处理与管控，加强污水处理设施建设。秦巴低山地区农村居民点集中分布的地区，其排放的污水经过管道收集就近排入周边的污水处理厂，经过二级处理后达标排放，处理标准执行《城镇污水处理厂污染物排放标准》（GB 18918—2002）。中山地区建立散点污水处理设施，污水必须进行收集处理，不得直接排入山溪污染水体。其他旅游服务点采用厌氧生物滤池进行达标处理后，再通过渗透法排入林地，禁止直接排放。处理标准应达到《城镇污水处理厂污染物排放标准》（GB 18918—2002）一级 A 标准。

第五节　文化保护协同

千百年来，秦巴山脉逐步演化成为中华核心价值思想源脉地，反映出历史脉络完整、文化构成多元、山水文化浸润、影响范围深远、天地人神一统的形象气质。如果说阿尔卑斯山是西方文明的精神家园，那么秦巴山脉就是中华文明的重要象征。提升秦巴山脉世界影响力，打造中华文化圣山，增强文化软实力，是文化强国战略的重要内容。

一、秦巴文化内涵

秦巴山脉可以用"大秦岭"统领，在地质学意义上，秦岭巴山同属一个山脉，"大秦岭"更有利于表达这一区域文化的整体关联性。大秦岭是黄河与长江流域的分水岭，汉江、嘉陵江、丹江、灞河、浐河、沣河等发源于大秦岭的江河水系最终汇入长江、黄河，是黄河与长江最大的补水源头。从文化的孕育发展视角来看，正是大秦岭巨大的生态势能，哺育了黄河与长江流域文明的肇始，庇护了周边长安、洛阳、成都、天水等历史城市的成长，持续滋养着中华文明的发展。

自然地理环境是孕育文明的温床，如果说大河流域是孕育人类文明的摇篮，那么巨大山脉作为河流的源头，更是文明发生的源泉。"夫国必依山川"，山川在我国古代文化中具有重要的地位，古往今来，山脉作为国家的精神标识与民族文化的象征具有独特的价值。如同阿尔卑斯山育化了西方文明，大秦岭广袤的山水环境则孕育了东方文明。黄河因作为孕育中华文明的核心地域被称为"母亲河"，而大秦岭作为黄河与长江最大支流的发源地和最大补给区，独特的地理和生态环境滋养了周、秦、汉、唐等重要历史朝代的发展，孕育了丰富多元的文化类型，影响了我国数千年的文明进程，被尊为富有精神意义的"中华父亲山"。中国自古即重山川崇拜与祭祀，"山川为天下衣食"，泰山因秦始皇成帝王封禅之地，大秦岭始自昆仑而为民族龙脉。作为华夏文明发祥和历史文化基因源地，大秦岭与黄河、长江共同构成了"一山两河"的华夏文明轴心地带，并将黄河长江和合统领，进一步表征了"江河一体同源"。大秦岭是中华文明高山仰止的山岳型集中代表。

因此，认知大秦岭文化不仅要看到大秦岭腹地的名山大川及文化遗产，更应从山-水-城（人居）的整体系统关系层面，将与其紧密关联、深受其影响的周边历史城市地区一同纳入视野，也就是把以长安-洛阳为标识的中原地区、成渝地区、天水地区、荆襄地区等与秦巴山脉共同形成的具有特别文化意义的"大秦岭区域"作为完整系统，考察其整体文化内涵与内在关联机制。基于这一认识，大秦岭（秦巴）文化价值包含下述主要方面。

（一）大秦岭是中华文明肇始初创的根脉地

大秦岭是我国最早有古人类活动的地区之一，距今 204 万年的巫山猿人被古人类学家和考古界普遍认为是中国乃至亚洲最古老的人类遗迹；70 万~150 万年前的蓝田猿人同样可能是东亚最早的直立人；100 万年前的郧县猿人、20 万年前的大荔人以及 10 万年前的汉中疥疙洞等十多处古人类遗迹，形成了史前遗址数量众多、时间跨度久远、覆盖面积广阔、较为完整的古人类文化链条，孕育了半坡文化、仰韶文化、龙山文化、大溪文化等新石器时期文化，表明这里是原始人类活动聚集的重要区域，是中华民族生成演进的根脉之地，也印证了人类源自山林之中，走向江河之畔的进化历程。大秦岭长久以来就是我国先祖传说的汇聚之地，从陕西蓝田的中华始祖母华胥氏之华胥陵，到甘肃天水的创世神伏羲之伏羲庙，从秦安、潼关等大秦岭众多女娲神迹，再到宝鸡的神农氏之炎帝陵，最集中的中华初始神话遗迹述说着中华文明肇始与初创的远古记忆。大秦岭周边地区发现的大地湾、仰韶、杨官寨、二里头、庙底沟、马家窑、三星堆、大溪、太平等重要遗址，更是印证了大秦岭山脉是哺育中华民族和中华文化生发繁衍当之无愧的根脉发祥地。大秦岭区域不仅是中华民族这些始祖活动的主要区域，更是华夏民族诞生融合壮大的核心地区。

（二）大秦岭是中华文明核心价值思想的源脉地

大秦岭北麓长安、洛阳一带是先秦–隋唐时期的政治、文化、经济中心所在，始终是见证中华文明发展各重要时期的核心区域。西周以降，以周易、周礼、诗经等为代表，这里开始了中华文明核心思想的生成与奠基期；春秋战国，屈原著《九歌》《离骚》于大秦岭东南之楚，诸子传学布道于大秦岭西北之秦，商鞅、韩非先后至栎阳、咸阳，法家终成始皇一统天下之大成思想，这里完成了中华文明思想的集成期；商山四皓辅佐汉室，武帝罢黜百家，独尊儒术，司马迁编著《史记》，董仲舒论"三纲五常"；盛唐开放包容，儒释道融合一体，李世民重民本纳谏，韩愈开理学先声，这里达到了中华古代文明的辉煌期。后世张载创关学立横渠四句，二程开洛学奠理学根基。以西周至隋唐为主，大秦岭汇聚贤才，融贯百家，正是大秦岭山水 2000 余年的淬炼与涤荡，精华铸就，大浪淘沙，使大秦岭始终是思想文化争锋碰撞的舞台，中华核心价值思想在这里沉淀荟萃。

大秦岭是孕育富有中国传统特色宗教文化的生道融佛之地。老子在大秦岭写下《道德经》，并在楼观台布道讲经，使之成为道家学派的滥觞之地。大秦岭著名的华山、终南山、武当山等同时是道教文化的洞天福地，钟离权、吕洞宾、刘海蟾等隐修于此。西汉开启了丝绸之路，佛教传入中国，鸠摩罗什西于草堂译经。佛教八大祖庭中的六大祖庭均位于大秦岭及周边地区，禅宗少林寺则位于大秦岭东段嵩山，草堂寺、白马寺、法门寺、龙门石窟等佛教圣迹在大秦岭区域存续至今。大秦岭育化出富有中国传统色彩的宗教文化，终南山被视作生道融佛的道源仙都、佛教圣境，谱写了中华文化儒释道浑然一体的重要章节。

总之，大秦岭丰厚的自然资源，孕育淬炼集成了儒、法、释、道等观念精华，终成中华古代核心价值思想生成演化强固的集中源脉之地。

（三）大秦岭是中华盛世王朝文明的哺育地

名山哺育大国，由先秦至隋唐，以长安-洛阳为核心的大秦岭区域是中国历史推进、中华文明发展的主舞台。"三千里大秦岭，五千年华夏史"，作为我国古代2000多年的政治、文化、经济中心区域所倚靠的巨大地理单元，大秦岭以其丰富的自然资源滋养、哺育了中国古代大国盛世的生成与发展，使周秦汉唐等强大王朝横空出世于大秦岭脚下，彪炳于中华民族伟大历史长河之中，奠定和成就了中华文明的重要基础和举世辉煌。同时，大国王朝也造就了中国古代璀璨独特的都城文明。溯源《周礼·考工记》，在沣渭河畔，逐渐形成经纬方阔、礼制严整、特色鲜明的都城格局与演化足迹，建构了"渭水贯都，以象天汉"的宏大气象，营建了周丰镐、秦咸阳、汉长安，最终诞生了东方都城的典范——隋唐长安城。壮阔的历史进程留下大量丰富的文化遗产，包括古都脉络、宫殿遗址、帝王陵寝、古道驿站、摩崖碑刻、名寺古刹等物质遗产，以及以仓颉造字、文王著易、商鞅变法、刘邦拜将、张骞出使西域等重要历史事件和人物为代表的非物质文化遗产，使大秦岭区域成为以都城文明为标志，名副其实的东方文明天然博物馆，大秦岭的恩泽更是成就了中国古代文明的大国盛世。

（四）大秦岭是山水隐逸文化的发祥地

大秦岭名山林立，终南山、华山、武当山、太白山等声名四海，是滋养我国山水文化的摇篮。《诗经》中多次提及的南山即秦岭陕西段，《终南山赋》《高唐赋》等大量山水审美文学，以及唐诗宋词和书画歌赋，使形、神、意成为中国传统艺术审美与精神追求的重要法则。大秦岭中名山大川成为造就著名山水诗画作品的胜景原型，催生了富有东方文化神韵的山水美学意境，更成为人与自然紧密相依，天人合一思想的集中表征地。终南山是汉初张良、全真教王重阳、诗人王维等众多名人贤士青睐的归隐之地，历经沧桑，魅力不减，后来者犹聚，形成了独特的终南隐逸文化。正是大秦岭山脉的万物氤氲，苍茫气象，造就了我国富有东方意象的艺术自然观及山水审美意识，赋予了中华文化独特的山水情怀与人文气质，并使之成为中华哲学崇尚自然、天人合一思想的溯源表征地。

（五）大秦岭是中华民族多元文化的融合地

大秦岭地处中华大地的中心地区，成为中原、西域、东瀛和南疆等诸多地域民族、文化、宗教相互碰撞交融的交会区域。大秦岭见证了历史上多次的民族迁徙融合，复杂多样的地理环境滋养了多元民族文化的共同发展，涉及汉族、羌族、契丹、吐蕃、鲜卑、吐谷浑等多个民族，成为中华民族和地域文化交融生发的源脉之地。自古以来，大秦岭便是中原地区与西域、西南等地域联系的重要通道，开拓了许多艰难穿越大秦岭的著名道路，形成当下的秦陇古道、秦蜀古道和秦楚古道。这些古道既是军事行动的进退通道，也是商贸往来的必经之路，促使大秦岭成为多民族和多地域文化的交融之地。子午道、褒斜道、傥骆道、陈仓道等古道沿途留下大量历史记忆，武关、大散关、剑门关等雄关险隘标示着古战场的铁马金戈，大秦岭成为农耕文化与游牧文化撞击、边塞文化与中原文化交织、中庸儒雅与豪爽彪悍不同民族气质融汇，三秦文化、巴蜀文化、中原文化、荆楚文化等多元地域文化汇聚的包容之地，成为长江文化走廊、黄河文化走廊、藏羌彝文化走廊、茶马古道文化走廊等交织联通之地，更是东南西北四方朝圣、文武之道圣贤齐聚的文化圣地。

历经周秦汉唐，魏晋五代，大秦岭成为当之无愧的民族与文化融合的标志性舞台，周边华夏各民族、各地域文化都被整合融入这座巨大山脉之中，增强了各民族之间的文化认同，形成了稳固的文化内聚力，对于我国逐渐形成多元一体、博大精深的中华文化发挥了重要的促进作用。作为中华文明的精神高地，大秦岭区域通过众多文化廊道及南北丝绸之路，不断对外进行着文明的输出与交流，成为当之无愧的东方文化基因库以及中华文明开放展示的绿色窗口。

综上所述，大秦岭区域蕴含了大量内涵类型丰富的历史文化资源，涉及民族根脉、哲学思想、宗教圣迹、盛世都城、丝绸之路、隐逸山水、民族交融等各个方面，孕育了中华文明。从历史深度来看，大秦岭区域有着古代前期完整的历史文化脉络，人类遗址与先祖文化遗迹形成了中华文明的远古肇始初创期；以西周为代表的制礼作乐、易经诗典，开始了中华文明的奠基期；春秋诸子百家汇聚争鸣于此，为秦汲取精华所用，遂统一天下，形成中华文明的集成发展期；汉唐盛世高度繁荣、开放包容的时代文化特征，造就中华古代文明的辉煌期；宋元明清时期，大秦岭虽逐渐远离历史政治舞台的中心，但依然是文化勃兴之所，为中华民族的融合统一、中华文明的不断进步贡献了独特的力量。无疑，大秦岭是中华文明这些重大历史时期无可比拟的孕育者与见证者。从地域广度来看，大秦岭"承东启西、贯通南北"的地缘优势、广袤的区域范围、南接长江北依黄河的特殊地理区位以及优越的历史地位，使得"综合代表性"成为大秦岭历史文化的主要特征。从影响高度来看，秦岭不仅是中华民族的祖脉，更是当之无愧的东方文化基因库以及中华文明开放展示的绿色窗口。如果说阿尔卑斯山是西方文化的代表，大秦岭就是中华文化的象征，是当之无愧的中华文化圣山。

二、大秦岭文化价值

大秦岭是秦巴山脉地区文化价值的集大成者，其不仅是我国"一山两河"的文化轴心地带，同时也是具有突出生态和文化属性的文化圣山。

（一）大秦岭是"一山两河"中国文化轴心地带

大秦岭具有代表中华文明核心价值思想与成就的综合性崇高文化地位，具有历史文化的深度、广度、高度和多元融合度，可以对博大精深的中国文化进行高度凝练化的综合性表达与象征。同时，大秦岭以其居中华大地中央的独一区位，能够连接南北的黄河、长江国家文化公园，共同构建"一山两河"的中国文化轴心空间体系，使中国文化主体内涵的表达更加完整。在中国思想文化体系中，"山河"（或"江山"）是国家与民族的象征。"一山两河"轴心地带的形成，突出了在"江山"体系中塑造展现中国文化形象的关键特征，反映了"山-河-城"的整体脉络，使国家文化形象得到完整展示。

基于地质学等前沿研究成果，正是大秦岭连接黄河、长江构筑的"一山两河"区域，将高山生态位能与江河冲积平原两者的自然优势结合起来，造就了特殊的优越条件，为中华两河流域文明发展提供了持续不断的生态支撑与庇护，从而使得中华文明不同于世界上其他单纯的江河文明全部中断的历史，成为唯一延续至今并不断发展壮大的文明，充满了旺盛的生命力。可见，大秦岭不仅是黄河、长江最大的共同生态支撑源头，更是和合黄河、长江的文化祖脉，是支持中华两河文明延绵不断的自然源泉。正是大秦岭这一巨大山脉，使得长江、黄河虽分处南北，但却与大秦岭共同构成中华文化共同体的轴心地带，是中华大地千百条文化江河与溪流共同的源脉高山。

（二）大秦岭是最具有综合文化代表性的圣山

以山为祖，名山而立大国，遂成天人合一，是中国自古"望于山川，遍于群神"、崇山重岳的思想传统。大秦岭这一巨大山脉是博大精深中华文化的代表和象征，真实地体现了视高山大川为至高无上的中国文化精神。大禹治水，莫高山大川；始皇一统江山，开启泰山封禅。中国是多山国家，山是神圣的象征，有驰名天下的三山五岳，有万山之祖的西域昆仑，有宗教名山五台山、普陀山、峨眉山、青城山等。然而，只有起自昆仑而为龙脉，绵延千里并与中原大地浑然一体、位居中央的大秦岭，最具有中国文化的综合代表性。大秦岭有文化名山终南山，有东部第一高峰太白山，有"奇险天下第一山"西岳华山，有地处核心的中岳嵩山，还有武当山、神农架等。大秦岭能够集萃名山特点，融合文化精髓，与中国文化主体内容的核心体系紧密关联，是当之无愧的中国文化圣山。强化大秦岭作为中华大一统文化源脉的保护展示，在中华大地的文化交融枢纽和中华儿女的根源之地，联动黄河、长江国家文化公园，构建"一山两河""江山同在"的中华文明展示主体空间体系，对于强化大秦岭作为中华民族祖脉和中华文化核心象征的标志性意义，坚定文化自信，强固多元一体的中华文化认同，增强中华民族共同体意识，建设文化强国，具有重大推进意义。

（三）大秦岭具有生态与文化双重全球价值

以大秦岭具有全球意义的生态价值和自然景观为良好基础，联动大熊猫、神农架、秦岭等国家公园的保护展示，充分展示大秦岭辉煌灿烂的文化价值，使其成为集中展现中华文明伟大历程的绿色标志地，能够获得人文与生态相互融合促进的整体效益。在大秦岭高品质生态价值基础上，营建绿色生态与多元文化浑然一体、体现天人合一理念、展示美丽中国画卷大秦岭文化圣山形象，营建与阿尔卑斯山相对应的东方文明绿色窗口，强化丝绸之路文化精神价值，形成东西方交流的文化平台，对于增进东西方文明相互理解与共识，增强中华文化感召力，构建人类命运共同体，具有重要的现实意义。

三、文化保护协同路径

（一）协同构建空间格局

构建以终南山为统领、五大园区为拱卫、文化廊道为纽带、主题文化板块为支撑、众多文化节点为表征的点线面串联融合的大秦岭国家文化公园总体结构，即以终南山作为具有统领性的大秦岭文化核心标志区（从华山到太白山），以山脉外围西安、洛阳、成都、荆襄、天水等五个重要历史文化名城地区为拱卫园区，以子午道、褒斜道、陈仓道、傥骆道、秦楚道等历史古道，汉江、嘉陵江、丹江等主要水系为线性纽带廊道；以历史文化古迹（华胥、伏羲、神农等历史遗迹遗存）、历史城市村镇（阆中、汉中、北川羌城、青木川、凤凰等）、知名山水名山（华山、武当山、神农架、麦积山、光雾山等）等主题文化板块为支撑，以众多文化节点为表征。这一格局可以简述为：一核（终南山）五区（外围历史名城区域）八廊（古道水系）30板块（宗教圣迹、名山名镇）多点（众多文化节点），从而建立大秦岭区域历史文化保护展示整体构架。

（二）协同完成保护展示功能

①集中展示传承中华优秀传统文化精髓，增强中华文明影响力，深度展开中华文明溯源工作，集中开展大秦岭区域考古研究等，对大秦岭区域文化内涵不断进行充实支撑；②探索山岳型网络状国家文化公园相关保护展示推广方法与路径，建设秦岭博物馆等文化基础设施，在生态保护前提下，展开适宜的文化旅游科普教育等活动；③营建与阿尔卑斯山相对应的东方文明绿色窗口，强化丝绸之路文

化精神价值，形成东西方交流的文化平台，增强中华文化感召力，增进东西方文明的相互理解与共识；④以大秦岭具有全球意义的生态价值和自然景观为良好基础，联动秦岭、大熊猫等国家公园，构建绿色生态与多元文化浑然一体、体现天人合一理念、展示美丽中国画卷的大秦岭文化形象；⑤推进爱国主义教育和红色文化推广，结合相关旅游文化产业，带动大秦岭地区社会经济绿色发展，巩固扶贫成果。

　　大秦岭区域内各区域文化各具特色同时关联紧密，五省一市各区域应在大秦岭文化保护展示方面加强协作，不断完善相关功能。同时，积极争取联合申遗，积极开展联合保护，鼓励跨行政区开展文化廊道保护和跨区域文化协同展示。建议加强陕西、四川在子午道、褒斜道等秦岭古道保护展示方面的联合协同，形成特有的古道文化保护和展示廊道，加强二者在古道联合申遗上的协同力度；建议加强甘肃、陕西在古城、古村落上的联合保护，将华胥、伏羲、神农、历史古城与村镇等代表性文化区，以及华山、武当山、太白山等名山系列作为大秦岭文化重要主题板块；建议联动外围西安、洛阳、成都等重要历史文化名城，最终形成以国家文化公园核心区为统领、文化廊道为纽带、主题文化板块为支撑、众多文化节点为表征的大秦岭文化价值展示整体空间战略结构。

（三）协同进行文化产业发展

　　加强五省一市在文化产业建设中对文化理念打造的协同互通，形成理念协同、紧密关联的区域整体大秦岭文化理念。在文化产业的相关云系统、服务系统、标识系统、购票系统等方面形成互联互通。在文化产业链打造中，形成分工协作、各有特色的文化产业链条和文化产业分工体系。同时，应在文化产业知识产权健全方面形成共识。各地区可集中力量发展一两个诸如以三国、卧龙、武当等文化为主题，文化体验、动漫制作、特色观光集于一体的特色文化创意行业，形成产业集群效应，并注意知名文化品牌的培养。最后，在文化旅游交通上形成旅游交通互联，打通旅游联动的基础设施网络，形成大区域旅游圈。

第八章

协同政策保障

秦巴区域协同发展问题，与长江经济带、京津冀协同发展、粤港澳大湾区的协同发展相比，既有相似之处，可相互借鉴，但也有显著的不同，需要按照新时期国家发展战略的总体要求，以环秦巴山脉城市地区发展面临的突出问题和矛盾为导向，在不同层面开展新的探索和实践。通过城市群、中心城市、生态保护区、乡村振兴等不同空间单元、不同层面的联动一体化区域发展模式的变革，促进秦巴区域所拥有的生态、区位、创新、人文、历史等各方面优势得以充分发挥，以不同地区的协同发展带动整个区域板块实现更高质量的跨越发展，成为支撑整个国家发展的新战略性经济区。鉴于此，提出如下政策及机制建议。

第一节 政 策 建 议

一、深化认识秦巴区域重要价值

从我国当前的区域格局来看，以京津冀、长三角、珠三角等城市群为点，以主要交通干线形成的沿海经济带、长江经济带、陇海兰新经济带等为轴的空间布局已基本形成。未来优化国家空间布局的战略重点要逐步转向"面"的建设，即以加强点-线-轴联动为导向，在有条件的地区布局新的战略性经济区，构建以经济区为辐射面连接中心城市、城市群和经济带的多层次网络空间格局。

秦巴区域地处我国地理版图的中心，具有"承东启西，贯通南北"的地缘优势。区域内包括以成都、重庆、西安、武汉、郑州等中心城市为核心的成渝城市群、关中平原城市群、武汉都市圈和中原城市群。以此为基础构建环秦巴经济区，一方面可以更好地发挥连接东北、华北、西部等地区的枢纽作用，有利于增强区域内四大城市群的辐射带动作用，形成城市群与经济区联合发展的新格局；另一方面也可以吸引生态敏感地区和那些不适合生活生产地区的人口、产业向其他地区转移集聚，有助于从根本上解决秦巴山脉的生态问题，使其真正承担生态屏障的功能。秦巴区域是我国科技资源密集区域之一，无论是人才、产业基础、科研设施、配套能力等基础条件，还是政策优势方面，该区域板块在区域创新要素和航空、机械制造、新材料等高新技术产业领域都具有突出的潜在优势，有条件成为支撑国家创新发展的新战略性经济区。

因此，本书建议将秦巴区域协调发展战略作为未来国家重大空间战略，尽快组织开展生态环境、基础设施、空间规划等相关领域的研究，在第四次工业革命的大背景下，在支撑国家经济发展和国家空间战略布局优化的战略高度对实施该区域战略的必要性、可行性进行全面系统的论证，做好战略性区域布局的前期论证和政策的前瞻性储备。

二、制定区域一体化国土规划

（1）加快推进环秦巴山城市地区协同发展的顶层设计，制定实施该区域一体化协同发展的国土空间规划。地区之间实现协同发展的核心是整个区域要基于"一盘棋"一体化发展。秦巴区域涉及的地域范围较广，包括不同层级的行政区，要在更高层面进行空间的统筹布局，制定一体化的发展规划是该区域实现协同发展的前提。具体包括：顺应新技术革命背景下产业发展与城市规划的基本规律，对区域内不同规模城市和资本、人口、技术等要素空间布局进行前瞻性的科学预测，把握"十四五"规划政策契机，深层次推动不同地区发展规划和未来发展方向的协同；从整个区域在国家区域战略中的功能定位出发，针对区域内不同地区资源禀赋、产业基础和发展阶段等要素条件，在明确各地区主体功能定位的基础上制定实施一体化的总体发展规划框架；不同地区根据区域总体发展规划框架制定各自的发展规划，并在地区规划之间和地区规划与总体规划之间建立有效的衔接和调整机制；正确处理不同类型地区发展规划与区域发展潜在动力、空间布局结构、区域治理机制等方面的协同关系。

（2）建立统一的国土空间规划体系是新时期自然资源保护利用和规划的重要改革工作。秦巴山脉涉及国土面积30余万平方千米，山水生态资源丰富，农地、农村、城镇等国土空间要素多样而典型，能够作为新时期区域级国土空间规划的示范建设区。秦巴区域国土空间规划作为区域层面的国土空间规划，应将全国、省级土地利用总体规划、城镇体系规划和主体功能区规划的内容进行统筹协调，以实现对区域内各省、市、县等地区次一级国土规划编制的指导，并编制相关专项规划，对秦巴区域国土空间开发保护利用做出科学合理的专门安排，避免国土空间功能分散化、碎片化治理。

三、优化区域基础设施布局

进一步优化秦巴区域基础设施的空间布局，推动以四大城市地区为支点的"簇轴"式一体化发展，为实现整个板块的区域协同发展提供基本支撑。推动环秦巴区域协同发展的一个重要目标就是加快区域内各地区共同发展、共同富裕。这就需要改进区域之间的连接性，促进先发地区更好地发挥辐射带动作用，也为后发地区创造承接辐射的"通道"，实现相互促进、相互支撑的协同发展格局。基础设施布局的优化应重点集中在以下方面。

（1）在现有交通主干网络基础上，以四大城市群为节点，构建"簇轴"式一体化布局，重点加强四大城市群与周边低线城市和农村地区的互联互通，重点解决区域内"断头路"问题。既要带动生态环境脆弱地区、生态保护区和经济发展落后地区的人口向承载力更强的发达地区流动，同时也要引导要素向具有较好发展条件和潜力的地区布局，改变目前单中心辐射型的交通路网体系，加强交通体系与生态廊道建设的协调一致。

（2）加强信息网络基础设施向欠发达地区的延伸，促进地区间知识、信息、技术等要素的有效流动，为欠发达地区利用信息技术，挖掘本地区特色资源优势，创新经济增长路径创造更有利的条件。

（3）按照区域内不同地区的功能定位和产业定位，加快物流、文化旅游、养老等基础服务的优化布局，在维护区域生态安全的前提下，推动国家层面环秦巴山区域的步道体系规划建设，以及省、市、县不同层级交通的一体化规划，满足不同地区经济发展和生态建设对基础设施的差异化需求。

第二节　保　障　机　制

一、构建区域决策协调机制

借鉴国际上大都市治理的经验，建立环秦巴城市地区协同发展委员会，构建整个区域重大发展决策的协调机制。建议以"秦巴论坛"等相关平台作为区域协同发展初始机制，邀请国内外智库机构、专家学者和著名企业参加，加强秦巴山脉地区绿色循环发展研究和综合推广，并逐渐建成国际交流合作论坛。环秦巴山城市地区包括自直辖市至县级市各行政层级的地级市，充分借鉴国内京津冀和长江经济带等地区以及国际大都市治理的经验，以区域内四大城市群为基础，设立非实体性的环秦巴山城市地区协同发展委员会，在所涉及的34个城市之间建立联席协商机制。采取轮值制度，每年由一个省（直辖市）作为轮值方，针对整个区域产业、招商、基础设施、环境、文化、创新、金融、开放、能源、应急事件等不同领域的重要决策，以及各地的发展政策和经济利益开展沟通协调，解决区域协同发展过程中存在的问题，确保一体化决策能够有力顺畅地落实。设立超越地方利益、相对独立或者层级较高的协调机构负责跨区域发展的协调，已成为多数国家的优先选择，有利于在地区之间形成稳定、制度性的协同发展机制。

二、推动区域生态协同治理

在利益共享的基础上推动区域生态环境协同治理，同时要平衡好生态建设与发展之间的关系。秦巴山脉是多物种、多水系、多地貌和多种气候特征汇集的多元化复杂生态系统。因此，需要从"大生态"系统的角度来推进该区域的生态环境协同一体化治理。

根据国家和相关地区的自然资源登记制度，统筹规划整个区域的生态资源，合力构筑一体化的生态安全体系，将环秦巴山地区作为自然资源登记和生态资产管理的试点地区，加快建立环秦巴山整个区域板块的自然资源登记监测体系和区域环境监控体系，切实有效地落实环秦巴山地区所承担的重要生态功能。

利用新一代信息技术建立环秦巴山城市地区一体化的生态环保监测网络，推动建设区域生态环境治理信息共享平台，建立环秦巴山城市地区环境治理交流和信息通报制度，提升区域生态环境监测预警与应急能力。

探索由中央、省（直辖市）政府和地级市三级政府共同出资建立秦巴山脉生态保护专项基金，用于统筹本区域的环境保护和污染治理，以确保区域内环境保护与治理一体化能够落到实处。

争取在国家层面试点将秦巴山脉生态资产量化，构建生态系统服务的支付体系，探索设立环秦巴山城市地区绿色发展基金和绿色金融试点，积极探索更加市场化和多元化的地区间生态补偿机制。

明确各地区在秦巴山脉生态环境治理中的主体责任分工，在此基础之上，通过地区间碳交易、绿色金融、生态债券、绿色信贷，建立区域性环境权益交易市场等手段，吸引更多社会资本参与该地区的生态建设和环境保护，促进区域生态补偿机制的多元化。加快建立环秦巴山城市地区绿色产业发展的协同机制，从制度上平衡好生态建设和发展的关系，科学合理地确定生态保护地的范围。

在国家层面试点探索秦巴山脉地区生态资产和生态系统服务量化的管理体系，为进一步探索更加市场化和多元化的地区间生态补偿机制奠定基础。建立环秦巴山区域协同发展管理平台，整合区域内产业发展、国土空间、基础设施、生态、人口等各领域的数据资源，利用大数据分析技术统一决策区域内重要产业项目的空间布局，分区设立产业环境准入标准和产业准入的负面清单，从制度上平衡好生态建设和发展的关系。立足于国家资源安全保障的战略角度，进一步加强对该区域战略性矿产资源和生态资源开发型产业发展的战略规划和统筹布局。

三、形成区域产业分工格局

进一步优化秦巴区域产业分工格局，建立区域一体化的投资战略框架。产业趋同、同质化竞争是环秦巴城市地区协同发展中亟须破解的问题和矛盾之一，也是该区域板块向协同共赢的区域发展模式转变亟须破解的"牛鼻子"问题之一。

按照区域和不同地区的功能定位和比较优势，充分借鉴珠三角、长三角、京津冀等地区的发展经验，采取多种形式优化区域内的产业布局，适当集中，不能再像"撒胡椒面一样"遍地开花式地发展。利用大数据技术，加快推动建立环秦巴山城市地区的"增长联盟"和"资源共享平台"，一方面，加强环秦巴山区域内部不同城市地区之间资源要素的统筹利用，尤其是要促进成都、重庆、西安、郑州、武汉等相对发达的城市与落后地区之间的要素流动；另一方面，加强不同地区各类产业发展信息数据的公开、透明与共享，积极引导市场投资的预期和决策方向，尽可能减少地区之间的产业同构。

按照区域总体的分工布局，利用财政税收、资金资助、人才等相关的差异化政策，引导要素向特定地区的流动；以共建产业园为载体，采取"总部经济、异地生产、统一经营"的方式，优化不同地区的产业发展。利用新一代技术进步，按照功能分工的最优化，整合分散在不同地区的产业资源，推动产业链在不同空间按照效益最大化进行整体聚合，提高资源要素空间规模积聚效应。综合考虑区域内各相关地级市的人口密度、经济发展水平，以及新技术条件下人口、经济活动空间布局的总体趋势，明确交通、创新、教育、医疗等关键领域区域投资的差异化导向，进一步优化基础设施、产业发展、基本公共服务设施等领域的空间布局，为产业在不同地区的疏解和转移承接创造更适宜的条件。

四、消除政策性流通壁垒

进一步消除政策性壁垒，为各类要素自由有序地流动创造更有利的市场一体化环境。推动秦巴区域协同发展，首先要实现要素在区域内的自由有序流动和市场的一体化。鉴于此，各地区应对现行政策及相关规定进行全面系统的梳理，包括工商管理、技术质量监督、商品检验、安全标准、行政事业性收费、审批权限和范围、市场准入等，进一步消除各种限制要素资源跨地区流动的政策壁垒，尽可能地统一有关审批标准和审批程序，消除差别化的审批制度，营造更加公平的发展环境，降低企业在不同地区投资经营的成本，为人才、技术、产品等要素的流动创造更有利的一体化市场环境。具体包括以下内容。

（1）建立秦巴区域人才交流机制，推动技术职务任职资格区域共享，鼓励区域间通过项目合作等形式推进高层次人才智力共享和各领域人才的互派交流。

（2）加快建立并完善秦巴区域市场准入标准、技术规范和资格认证制度，完善统一的商标保护制度。建设环秦巴山城市地区共享的信用网络平台，推进区域统一的信用体系建设。建立统一的市场和企业信息平台，建立环秦巴山城市地区信息交流和共享机制。

（3）建立区域统一的产权交易机构，为区域内不同地区的产权重组、并购、产权交易等创造条件，以推动在更大空间范围内的资源整合和产业分工。考虑到秦巴区域板块内部自然资源条件和发展水平差异性显著，同时考虑在新技术革命背景下要素流动的基本趋势，积极探索土地要素在区域内的开发利用新模式，争取在国家层面试点城乡土地一体化开发管理，探索城乡融合发展和绿色城镇化的新路径。

（4）推进服务秦巴绿色农林经济的金融机构体制机制建设。秦巴山脉在绿色农林经济转型方面要深化金融机构体制机制建设，形成多样化、有助于生态农林产品发展的金融产品。鼓励证券、保险、担保、基金、期货等金融资源参与秦巴山区农村与农业产业发展规划、项目与工程。探索发放农村土地经营权和农房抵押贷款。鼓励涉农金融机构深度参与农业产业链，加强农业生产环节、流通环节、加工及销售各链条环节的融资。积极发展林权抵押贷款，充分发挥政策性农业信贷担保机构作用。建立完善的农业保险体系，加大农业保险覆盖范围、实现农业自然灾害保险范围全覆盖。推进征信体系平台建设，建立跨机构、跨地区、跨行业、跨部门的信息共享、交换和交易机制，打破部门之间的信息闭塞，开展征信数据采集试点与数据库建设，为农村普惠金融服务奠定基础。

五、建立地区利益共享机制

借鉴国际国内跨区域协同发展的经验，建立地区之间发展成本分担和利益共享机制。

由于区域内不同地区都是相对独立的利益主体，拥有不同的政绩考核需求和发展诉求。如何在地区之间建立更有效的成本分担和利益平衡机制，是实现协同发展最为关键的环节，也是从根本上破解地区间零和竞争的关键手段。考虑到秦巴区域整体上发展水平不高，生态环境治理、基础设施、公共服务设施等领域还存在着大量历史欠账，需要长期大量的投入。建议重点集中在以下领域建立成本分担和利益共享机制。

（1）创新基础设施建设的筹资机制。基于区域内一体化的基础设施布局，积极探索建立以"能力"为出资原则的新机制。对于那些责任归属地方政府，受益边界超过行政辖区的基础设施，可由所涉及的行政区合作建设，依据"能力原则"，即按照各地区人均财力水平作为出资比例，设立区域基础设施建设基金。

（2）鼓励社会资本参与基础设施的建设和运营。统筹兼顾不同地区的合理诉求，在一定时期内适当向欠发达地区倾斜，在更高层面统筹区域内的税收收入，建立更加有效的利益平衡机制。

（3）对不同地区合作共建的园区，或者异地转移的产业项目，归属地方的财税收入仍依据属地原则，归属企业经营所在地。需合并统一纳税的，建议按照相关的经济核算指标作为分配权重在不同地区之间进行税收收入的分配，适当向欠发达地区倾斜，以确保不同地区都可以比较公平地获得相对合理、稳定的财政收入。

（4）结合秦巴区域功能定位和在生态环境建设中承担的主体功能，建立区域生态补偿机制，让那些承担着重要生态保护功能的地区能够共享经济发展的成果，为更长效地解决秦巴区域生态环境问题建立更加有效的激励机制。

专栏3　美国明尼苏达州的税基共享机制

美国明尼苏达州的税基共享机制于20世纪80年代初开始实行，是美国最早实行税基共享机制的州之一。最简单的模式是将商业和工业税收增长的40%放入统一的资金池，由整个区域共享，再按照各地区需求支出计算公式进行分配。该机制实现了如下功能。

（1）各地方政府都能共享本区域经济的增长。

（2）降低了私营企业区位决策的财政影响，使整个区域的开发更加合理化。

（3）形成了一种激励机制，促进区域作为一个整体去推动经济增长，降低地区经济发展过程的过度竞争。

（4）帮助那些处在早期发展阶段或者难以获得投资的地区克服资本瓶颈的约束，保障地方政府公共服务的供给能力。

该机制实施过程中的难点在于如何科学合理地测定各地区的财政需求。以该模式为基础，有的地区调整共享比例，将其作为区域经济发展基金统一使用，而不在地区之间进行再分配，如俄亥俄州。

资料来源：Miller Y D. 2002. The Regional Governing of Metropolitan America. New York：Routledge.

六、建立产业分区准入机制

结合秦巴山区国土空间规划及相关生态保护规划中所规定的国土空间用途管制分区，制定秦巴山区产业准入正面清单目录及秦巴山区产业准入负面清单目录，坚持生态优先、绿色发展导向的要求，严守生态保护红线。同时加强动态监控及监督管理，按照产业准入清单的管理要求，利用遥感技术及环境监测技术等，对不同用途管制区的产业发展实行动态监控。由生态环境部和各省市人民政府对秦

巴山脉区域内各区县的产业准入清单执行情况进行监督检查，并开展实施成效评估，确保产业准入清单实施成效。

七、引导区域人口合理布局

完善区域公共服务共建共享机制和相关配套政策，有效引导区域内人口要素实现更合理的流动和空间布局。秦巴区域的特殊性，除了秦巴山区的重要生态屏障功能，还有着极为显著的区域差距，这就需要建立更有效的协同机制，引导人口和其他资源要素能够更合理地流动，形成更科学、更可持续的空间布局。这是从更长期的角度解决环秦巴山城市地区生态、发展等多重问题的关键。

重点包括：根据秦巴区域内部各地区经济发展水平和区域总体的规划布局，对各地区人口规模、密度以及产业的功能分工和各类要素空间布局的总体趋势等进行系统科学的预测，以此为基准来优化区域内教育、医疗、住房等公共服务设施资源的空间布局，制定鼓励性政策引导构建跨行政区的集团化布局；利用信息化技术，加快推进不同地区就业、医疗等社会保障异地联网一体化，促进相对发达地区优质公共服务资源在更大空间范围内共享，提高和促进公共服务供给的效率与公平；推动环秦巴山城市地区之间从业资格、职称评定等各类标准的互认，逐步建立标准统一、资源共享的用工需求信息库和劳动力资源信息库，减少劳动力异地就业的各种壁垒，引导生态脆弱地区的人口向发展条件更好的地区有序转移；利用数字技术，加快完善各项社会保障关系跨区域转移接续的政策措施，推动环秦巴山城市地区社会保障和基本公共服务的一体化建设。